叢書・ウニベルシタス　103

物の体系

記号の消費

ジャン・ボードリヤール
宇波　彰 訳

法政大学出版局

目次

序論

花や動物には、熱帯産のもの、氷河期のもの、突然変異したもの、消滅しつつあるものなどがあるが、そういう花や動物の種を分類するのと同じように、たいへんな数で増えている物も分類ができるのだろうか。都市の文明は、製品・道具・ガジェット〔ラジカセ・電卓のようなちょっとした機械〕が次から次へと、それも加速されたリズムで現れるのを見ている。そういう物を中心にして考えると、人間は特別に変化のない種のように見える。考えてみると、このような物の豊富さは、無数に存在する動植物の豊富さと比べて、それよりも奇妙だというわけではない。人間は、動植物の豊富さについて調査してきた。そして人間が動植物の調査を体系的に始めたその時代に、人間はまた、自分たちのまわりにある実際に使う物、技術によって作られた物のすべてのカタログを百科事典によって作成できた。それ以後、均衡は破られた。日常生活に使用する物（機械については言わないでおく）は数が多くなり、需要がふえ、生産は物の誕生と死に加速を与えているのに、そういう物を表す語彙が不足している。急速に変わって行く物の世界を分類して、それを記述する体系を作るなどということが期待できるのだろうか。物そのものと同じ数だけの分類の尺度があることになるだろう。それらの物の大きさ、どの程度の機能があるかということ（客観的な機能に対するそれらの物の関係)、それらの物に付いている性質(豊かであるか、貧しいか、伝統的かそうでないか)、それらの物のかたち、どのぐらいもつかということ、いつ作られたかということ(多かれ少なかれ時間を置いては現れてくること、それについての意識)、物によって変形される材料(コーヒー挽きの材料ははっきりわかるが、鏡・ラジオ・自動車の材料はわかるだろうか。すべての物は何かを変形している)、(自分のためか、家族のためか、公共のためか、どうでもよいものかという)物を使用するばあいの排除性または社会化の程度、そういった尺度によって分類がされるだろう。実際、こういう分類の仕方はどれも、物の世界のようにたえず変化して大きくなって行く世界のばあいには、アルファベットの順序と同じように偶然的なように見えるかもしれない。サン・テチエンヌの兵器製造所[訳注一]のカタログは、兵器の構造は示さないが、すでに兵器の細かな分類を示している。しかしそれは機能によって規定された物にのみかかわっている。このカタログでは、ひとつひとつの物が、しばしば微細で特異なひとつの操作に対応しており、意味作用の体系はどこにも見えていない[1]。もっと高いレヴェルでは、ジークフリート・ギーデオン(*Mechanization takes command*, 1948)が行なった、歴史の進歩の中にある物の機能・かたち・構造の分析がある。技術が産んだ物の叙事詩は、技術の変革とつながっている社会構造の変化を物語ってはいるが、次のような問には答えていない。それは、物はどのように体験されるのか、物は機能するという要求以外のどのような要求に応えているのか、どのような精神構造がどのような機能構造とからみ合い、互いに矛盾しているか、物を体験する日常性は、どのような下位文化・超文化といった文化体系に基づいているかという問である。そういう問題がここで提起されている。だから、ここで問題にされるのは、機能で規定される物、分析に好都合になるように物を区分できる分類方法で規定される物ではなく、人間が物とかかわるプロセスと、その結果生じてくる人間の行動と関係の体系としての性質である。

このような物の《語られる》体系の研究、それらの物によって作られる多かれ少なかれ筋の通った意味作用の体系の研究は、この《語られる》体系とは異なるひとつの面を前提とする。この面は語られる体系よりももっと厳密な構造になっていて、機能にかかわる記述の向こうにこそ存在している構造の面、つまり技術の面である。

この技術の面はひとつの抽象である。実際には、日常生活でのわれわれは、物が技術ということに関して実在していることを意識してはいない。しかし、この抽象が基本となる実在である。環境の徹底した変化は、この抽象によって支配されている。逆説ではなくて言うのだが、抽象は物について最も具体性のあるものでさえある。なぜなら技術のプロセスは、物の構造が転換するプロセスにほかならないからである。厳密に言うならば、技術の領域で物に起こることが本質的であり、必要と実際生活という心理学または社会学の領域で起こることは非本質的である。われわれは、心理学・社会学の言説によって、もっと筋の通ったレヴェルでの物をいつも考えるようになる。それは個人または集団の言説とは関係がなく、技術のラングによる言説である。このラング、この技術モデルの整合性を出発点として、生産され、消費され、所有され、人間化されるという事実によって物に起こることが理解できる。

だから、物の合理性の面、つまり客観的な技術的構造化の面を初めから規定する必要がある。ジルベール・シモンドン（『技術が産む物の存在様態』*Du mode d'existence des objets techniques*, Aubier, 1958）が挙げるガソリンエンジンの例がある。《現在使われているエンジンの重要な部分品は、エネルギーの相互交換によってそれぞれがほかの部分品と密接につながっているから、その部分品はそれ以外のものではありえない。シリンダーヘッドのかたち、その材料となる金属は、サイクルの他のすべての要素との関係から、点火プラグの電極にいく分かの熱を発生させ、逆にこの熱は、点火装置とサイクル全体の特徴に反作用を及ぼしている。》

《現在使われているエンジンは具体的であるが、以前のエンジンは抽象的である。以前のエンジンでは、それぞれの要素はサイクルのなかへ或る時点で介入して、それ以後はもはや他の要素には作用しないものと見なされる。エンジンの部分品は、それぞれ働いていても互いを知らないひとたちのようなものである。……そこで、技術が産む物のひとつの原初のかたちが存在する。それは抽象的なかたちで、そこではそれぞれの理論的・物質的単位は、ひとつの絶対的なものとして扱われ、それが機能するためには閉ざされた体系に構成される必要がある。このばあい、統合することは解決すべき一連の問題を提示する。……そのときに個別的な構造が現れてくるのであって、それについては、それぞれの構成単位について防禦の構造と名付けることができる。内燃機関の熱エンジンのシリンダーヘッドには冷却ひれが付いている。この冷却ひれは、シリンダーと理論上のシリンダーヘッドに付属させられたようになっていて、冷却という機能しかない。最近のエンジンでは、それらの冷却ひれは、そのほかに機械的な役割も演じていて、〔建築物の〕リブのように、ガスの圧力によるシリンダーヘッドの変形を防いでいる。……

もはやこの二つの機能を区別することはできない。妥協ではなく、共存であり集中であるような独自の構造が発達している。リブの部分のあるシリンダーヘッドはもっと小さくでき、そうすることによって冷却が早められる。したがって、冷却ひれ／リブという二価構造は、すでに分離されてあった二つの機能を、綜合的に、一層満足を与える仕方で確実にする。この二価構造は、二つの機能を克服しつつ統合する。……そうすると、この構造は前にあった構造よりも具体的で、技術が産む物の客観的な進歩に対応していると言えよう。技術の本当の問題は、さまざまな機能をひとつの構造的統一体に集中させるという問題であり、たがいに矛盾する要求のあいだの妥協を求めるという問題ではないからである。結局、抽象から具体へのこの歩みのなかで、技術が産む物は、それ自体と完全に整合し、完全に統一されているひとつの体系の状態に戻ろうとする。》(二五—二六頁)

この分析は非常に重要である。この分析によって、実際の生活ではけっして体験されず、読み取ることのできない、ひとつの整合性の要素が与えられるからである。技術は物についての厳密な歴史を語るが、この歴史においては、機能の対立関係がもっと大きな構造のなかで弁証法的に解決される。ひとつの体系から、もっとよく統合された別の体系へのそれぞれの移行、すでに構造になっているひとつの体系の内側でのそれぞれの変換、いくつかの機能の綜合のひとつひとつが、その意味と、個人とは無関係な客観的な妥当性——個人がそういう妥当性を動かすのだが——とをあらわにする。われわれはひとつのラングのレヴェルにあり、言語学における音素《フォネーム》とのアナロジーから、これらの単純な技術的要素を《テクネーム》と呼べるだろう。こういう要素は現実にある物とは異なり、このテクネームの動きが技術の進歩の基礎なのである。このレヴェルで、ひとつの構造的な技術論を考えることができる。それはもっと複雑な、技術の産んだ物のなかにあるテクネームの具体的な構成、実在する物とは異なった、単純な技術集合体におけるそれらのテクネームのシンタックス、これらのさまざまな物とその集合体とのあいだにある意味の相互関係を研究するものである。

　しかしこの構造的な技術論という理論は、厳密に言うならば、実験室での研究から、航空学・宇宙工学・航海術・大型トラック・完成された機械などの、高度に技術的な業績にいたる、制限された領域のなかでのみ有効である。そこは、技術上の切迫した状況が、根底において構造上の制約を生ぜしめ、集団的・非個人的な特徴が、流行の影響を最小限にしているところである。自動車が（水冷装置、シリンダーのモーターなどの）重要ではない技術上の装置は維持しながら、かたちのたわむれのなかで消尽してしまうのに対して、飛行機は（安全性・速度・効率といった）単純な機能上の理由から、最も具体的な、技術が産む物の生産を必要としている。このばあい、技術の発達はほとんどまっすぐな線をたどる。しかし、物の日常的な体系を説明するのに、構造にかかわるこの技術の分析が役に立たないことは明らかである。

　実在する物の世界を全部説明しつくしてしまうような、テクネームとその意味の関係の全体的な記述を夢想することはできる。しかしそれは夢想にすぎない。天文学における星のようなものとして、つまりプラトンのことばを借りるならば、《本当の天文学者になり、われわれの魂の知的な部分を役立たせようとするならば、天空に起こっていることを気にとめず、幾何学の図形のようなものとして》（『国家』

一―七）テクネームを用いたいという気持は、物の心理的・社会的な生きた実在に直接ぶつかる。この実在は、その感覚の対象としての物質である性質を越えたところに、一連の強制を構成している。技術の体系の整合性は、この一連の強制によってたえず修正され乱されている。ここでわれわれの関心の対象となるのは、この混乱であり、また物の合理性が需要の不合理性とどのように争うようになるか、どのようにしてこの矛盾が、それを解決しようとする意味作用の体系をあらわにするかということであって、技術のモデルではない。しかし、物の生きた実在はこのモデルの基本的な真理に基づいてたえず明らかにされるのである。

われわれが実際に使う物は、それぞれひとつまたはいくつかの構造要素にかかわっている。しかしまたそれらの物はすべて、たえまなく技術の構造性を離脱して、第二次的な意味作用の方へ向かい、技術の体系から文化の体系のなかへと向かう。日常の環境は、およそのところ《抽象的な》体系のままである。そこでは多くの物が、一般的には機能に関しては孤立しており、人間が必要に必じて機能のコンテクストのなかでの物の共存を確認する。物の体系はほとんど経済的でなく、整合的でもなく、初期のガソリンエンジンのアルカイックな構造に似ている。つまり、物の体系は、部分的で時には互いに無関係であったり対立するいくつかの機能を集めている。また今日の傾向は、この不整合を解決することではなく、次々に出てくる要求に対して新しい物で応ずることである。このようにして、他の物に付け加えられたそれぞれの物は、それ固有の機能を助けるが、全体に対しては対抗する。ときにはそれ固有の機能を助けると同時にそれに対抗する。

さらに、かたちと技術とにかかわるコノテーションが、機能にかかわる不整合に付け加えられるので、本質的な技術の秩序に逆流し、物の客観的な状態を危険にさらすのは、社会化されているか無意識な要求、文化や実生活の要求といった、要求のすべての体系と、体験されるすべての非本質的な体系である。ひとつの例を挙げておこう。コーヒー挽きの器械において《本質的》で構造的なもの、したがって最も具体的に客観的なものは、電気モーターと、発電所から供給されるエネルギーと、このエネルギーの生産と変形の法則である。特定の人間の要求にかかわるものであるために、すでに客観的でなくなっているのは、コーヒー豆を挽くというその明確な機能であり、まったく客観的でなく、したがって非本質的なのは、コーヒー挽きの器械が緑か長方形か、バラ色か台形かということである。電気モーターというひとつの同じ構造が、さまざまな機能に特殊化することがありうる。機能の分化はすでに第二次的である。(そのためにこういう機能の分化はガジェットの持つ不整合に陥るおそれがある。)逆に同一の機能を持つ物が、いくつかのかたちに特殊化することもありうる。ここでわれわれは《人間化》、形式上のコノテーションの領域にあるが、それは非本質的なものの領域である。職人の手による物と対立する工業製品の物の特徴は、本質的なものがもはや需要と個人の製作という偶然にはまかされず、非本質的なものが今や生産によってふたたび把握され体系化されている点にある。(2) それは生産を通して(また流行の普遍的な組合わせを通して)それ固有の目的性を確認する。

このからみ合った錯綜のために、技術の領域での自動化の条件、したがってまた物の領域での構造分析の条件と同じ条件は、言語のなかにしか存在しない。主体としてのわれわれは、純粋に技術的な物とはいかなるかかわりも持ってはいない。そういう物を除外するならば、客観的なデノテーションのレヴェルとコノテーションのレヴェル（コノテーションのレヴェルにおいて、物は投資・商品化・人間化の対象となり、そのレヴェルから物は使用され、文化体系のなかに入る）という二つのレヴェルは、生産と消費の今日の状況のなかで、言語学におけるラングとパロールの二つのレヴェルが分けられるほどには厳密に分けられない。《パロールという事象》（ここでは《語られる》物）が、ラングという事象の分析において重要なほどには物の分析において重要でないのと同じく、技術のレヴェルは構造の自律性を持ってはいない。rを舌で発音するか、のどで発音するかということが、ラングの体系にいかなる変化も与えないとしても、つまりコノテーションの意味は、コノートされた構造を少しもそこねないとしても　物のコノテーションは技術の構造にかなり影響し、変化を与える。ラングと異なり、技術は安定した体系を作らない。記号素《モネーム》・音素《フォネーム》とは逆に、テクネームはたえず変化している。技術の体系が、そのたえまない変化のために、この体系を《語る》実生活で使われる物の時間それ自体のなかに含まれているという事実——これは言語のばあいも同じであるが、無限に小さな尺度においてである——、この体系の目的は、世界の把握と要求の満足であるという事実、つまり、言語の目的であるコミュニケーションよりももっと具体的で、実践からは分離できない目的であるという事実、そして最後に、技術は技術研究の社会的条件に、したがってまた生産と消費の全体の秩序に——そういうものは言語にはいかなる作用もしない外からの強制である——まったく依存しているのだという事実、こういう事実のすべては次のような結果を生む。それは物の体系は言語の体系とは反対に、技術の体系に対する実践の体系のたえまない干渉の結果として、同じ運動のなかで考えられるばあいにのみ科学的に記述できるという結果である。実在するものを説明できるのは、技術の整合的構造ではなく、むしろ技術に対する実生活の介入の様態、或いはもっと正確には、実生活による技術の故障の様態である。要するに、物の体系の記述は、体系の実生活にかかわるイデオロギーの批判なしでは行われえない。技術のレヴェルでは矛盾はなく、意味だけがある。しかし人間科学は、意味と反意味の人間科学でしかありえない。ひとつの整合的な技術の体系は、どのようにして不整合な実生活の体系のなかに溶けこむのか、どのようにして物の《ラング》は《語られる》のか、どのような仕方でこの《パロール》(またはラングとパロールの中間にあるもの)の体系は、ラングの体系を徐々に消して行くのか。最後に、抽象的な整合ではなく、物の体系のなかで体験される矛盾はどこにあるのか。(3)

(1) しかし、このカタログそのもの、それが存在しているということだけでも意味が深い。すべてを数え上げようというもくろみのなかに、ひとつの深い文化的意味作用がある。つまりわれわれはカタログを通してのみ、物に近付く。われわれは並外れた入門書、短篇集、メニューなどのように、《楽しみのために》カタログに目を通す。

(2) したがって、本質的なものから非本質的なものへの移行のあり方それ自体が、今日では相対的に体系的である。非本質的なものをこのように体系にすることには、社会的・心理的な側面があり、また統合というイデオロギー的機能もある。(本書の「モデルとシリーズ」を参照せよ。)

(3) この区別をもとにして、物の分析と言語学、或いはむしろ記号論とのあいだに密接な接近を行なうことができる。物の領域において周辺的な差異または非本質的な差異と呼ばれるものは、記号論に導入された《拡散領域》の概念に似ている。《拡散領域とは、ある単位(たとえば音素)が実現される場合、意味の変化を伴わずに(つまり、変化が有用性を持つ変異に移行せずに)取りうる変化の範囲が作る場を言う。……たとえば食品では、ある料理の拡散領域を考えることができる。これはある料理が、それを調理する人間の《気まぐれ》がどうであっても、その料理としての意味を保ちうる限界である。拡散領域を構成する変異は結合変異形と呼ばれる。この結合変異形は意味の置換には参加せず、有用的ではない。……これらの変異形は、長い間パロールに属する現象と考えられてきた。たしかにパロールに非常に近いものであるが、「強制的」なものになっている以上、今はラングに属する事実とみなす》(「コミュニカシオン」第四号、一二八頁、ロラン・バルト「記号学の原理」)。そしてバルトは、この概念が記号論の中心になるはずだと付け加えている。なぜなら、デノテーションの面では意味作用を持たないこれらの変異は、コノテーションの面ではふたたび意味作用を持ちうるからである。

結合変異と周辺的差異との類似が大きいものであることが了解されよう。つまり両者はいずれも非本質的なものにかかわり、関与性がなく、結合に由来し、コノテーションのレヴェルで意味を持っている。しかし、両者の違いは次の点にある。つまり、もしも結合変異が、デノテーションの記号論的な面では外在的で無関係のままであるとしても、周辺的差異はけっして《周辺的》ではない。なぜなら、技術の面は、言語にとってのラングの面と同じく、コノテーションの変動によって現実世界に到達する、固定的な方法論的抽象を示すものではなく、コノテーション(非本質的な差異)が凝結させ、同じかたちのものにし、後退させる、転回する構造的図式を示すからである。技術の構造的原動力は、それ自体が技術秩序に対して影響する、文化体系の差異作用的主観性のなかで、物のレヴェルで固定化される。

A　機能体系または客観的言説

I　配置の構造

伝統的な環境

家具の配置は、ひとつの時代の家族・社会の構造を忠実に写すイメージである。金持の家の室内は、家父長的な秩序になっている。食堂と寝室が集合体になっている。家具にはいろいろな機能があるが、よく統合されていて、中心にある食卓またはベッドのまわりを取り囲んでいる。空間を積み重ね、占拠し、空間を閉じこめてしまおうという傾向がある。ひとつの機能しか持たないこと、動かされないこと、どっしりとその場に存在すること、階層を示すレッテル。それぞれの部屋には役割がきっちりきめられてあって、それが家族の成員のさまざまな機能に対応し、さらに、区分されたいくつかの能力を均衡して集めたものとしての人間の概念にかかわっている。家具は、道徳秩序よりも空間的でないひとつの統一のなかで、たがいに見つめ合い、妨げ合い、包含し合っている。それらの家具は、行動の規則的な順序を確実にする軸を中心にして並べられている。それは家族に対して、家族自体がつねに象徴化されて存在することである。この私的な空間のなかで、今度はそれぞれの家具、それぞれの部屋が、機能を内面化し、それによって象徴的な威信を持つ。——家全体が、家族という半ば閉ざされた集団のなかでの人間関係を統合する。

こういう家具・部屋のすべてが、ひとつの有機体を作っている。そしてこの有機体の構造は、伝統と権威との家父長的関係であり、またこの有機体の心臓は、そのすべての成員を結び付ける、複合された感性的関係である。この家族はひとつの特殊な空間であって、客観的な設備をほとんど顧慮しない。なぜなら、そこでは家具と物の第一の機能は、人間関係を人間化し、それらが分有している空間を人で満たし、ひとつの魂を持つことにあるからである。(1) それらの家具・物が生きている実在的な空間は、それらによって意味表示されなくてはならない道徳的次元に捉えられている。またそれらの家具・物は、家族のさまざまな成員が社会で持っている自律性を、この空間のなかではほとんど持っていない。さらに、存在と物は結合されている。つまり物はこの合意のなかで、通常それらの物の《現存》と呼ばれている濃度、感性的価値を得ている。子どものとき暮した家に深みを与えているもの、記憶のなかでその家が膨張して存在するようにしているものは、明らかにこの内面性の複合的構造である。この構造においては、物はわれわれの眼に対して、住居と呼ばれる象徴的な位置配置の限界を描いてみせる。内側と外側との区別、所有という社会的徴表と、家族の内在という心理的徴表のもとでの両者の形式的対立によって、この伝統的な空間は、閉じられた超越性になる。神人同形論のように、物というこれらの家庭守護神たちは、今日の世代のひとたちが、それらの神々を追放したり、分散させたり、古い物をノスタルジーの感情で現実化させようとして復活したりさせるまで、空間のなかで感性的な結び付きと集団の永続性とを具体化することによって、ひそかに不滅なものになる。神々がしばしばそうであるように、家具もまた素朴な使用から文化的なバロックへと移行することにより、時たま第二の存在の機会を持っている。食堂と寝室の秩序、家という動かない構造と結び付いたこの動く構造は、巨大な公衆のなかで広告が拡げつつある構造でもある。レヴィタンとガルリー・バルベス〔いずれも家具製造の会社名、その社の製品を示す〕は、たとえ線が《様式化》され、装飾が感性を失っても、いつも集団の好みに対して《装飾的な》家具の規準を提示する。もしもそれらの家具が売れるとすれば、それは安いからではなく、そういう家具には集団による公的な保証と、金持であるという認証があるからである。このような記念物としての家具（食器棚・ベッド・たんす）と、それらのおたがいの配列は、現代社会のきわめて広い層のなかで、伝統的な家族構造が存続していることに対応している。

機能において解放された現代の物

家族と社会とに対する個人の関係が変化すると同時に、家具としての物の様式も変化する。ソファー、部屋のすみのベッド、低いテーブル、照明、ユニット家具が、家具の古いカタログにかわる。構成もまた変化し、ベッドのかわりにソファーベッドが、食器棚・たんすのかわりに隠すことのできる押し入れが現れる。物はわれわれの望みのままに折りたたまれ、拡げられ、消え去り、現れる。たしかに、こういう新しい変化には、自由な即興の要素は何もない。多くのばあい、このような最大の可動性・置換性・時宜性は、空間の不足に対する無理強いの適応の結果にほかならない。貧しさが創造を産む。そしてもしも古い食堂が重い道徳的慣習を負っていたとすれば、《現代的な》室内はその精巧さの点で、機能的な方策の効果を与えることがしばしばある。《様式の不在》はまず第一に空間の不在であり、最高度の機能性は不便の解消であって、そこでは家のなかにいることが、その閉ざされた状況を失わず、内的な機構を失っている。空間と物の現存との構造を破壊し、方向を再転換させることは、何よりもまず貧困化である。

このようにして、シリーズという現代の集合体が存在する。その構造は破壊されているが、再構造化されてはいない。——何ものも象徴的な古い秩序の表現力を補ってはいないからである。しかしそこには進歩がある。物はもはや道徳の強制力を行使も象徴もせず、使用されるときは一層柔軟になるが、個人とそういう物との関係はさらに自由になる。個人はもはやそれらの物を通して、家族に対して厳密にかかわってはいない[2]。それらの物が動かせるということ、多くの機能を持っているということのなかには、社会関係のなかでのもっと大きな使用性の反映である機構のもっと大きな自由がある。しかしこれは、一種の部分的自由化にすぎない。シリーズになっている物のレヴェルでは、空間の再構造化がないので、この《機能の》転回は、マルクス的な区別を利用するならば、解放であって自由化ではない。なぜならこの転回は、物の機能の自由化だけを意味していて、物そのものの自由化を意味してはいないからである。中性的で、軽く、格納できるテーブル、脚も枠も上にかぶせる部分もない、ベッドの零度のようなベッド、その物であるという様子さえもない、《純粋な》線から成るこれらの物は、その最も単純な装置へと還元され、決定的に世俗化されている。そういう物において自由にされているもの、またそれ自体を自由にすることによって人間のうちにある何かを自由にしているもの(或いは人間が自らを自由にすることによって、それらの物において自由にしているもの)は、それらの物の機能である。この機能はもはや古い家具の道徳的演劇性によってあいまいにされてはいない。この機能は、物化した人間構造を映す半透明な鏡にしてしまう、儀礼やエチケットやあらゆるイデオロギーから、環境を離脱させている。ついに今日においては、物はそれが役立つ対象のなかではっきりすけて見える。したがって、それらの物は機能を持った物である限りにおいて自由である。つまり、それらの物は機能する自由があり、また(シリーズになっている物については)実際にはその自由しかない。(3)

物はその機能においてのみ自由になるが、これと逆に、人間はこの物の使用者としてのみ自由になる。これはまたひとつの進歩ではあるが、決定的な契機ではない。ベッドはベッドであり、椅子は椅子であって、それらが役立つ対象に対してしか役立たない限り、両者のあいだに関係は存在しない。関係がなければ空間はない。なぜなら空間は、物の相互関係と、この新しい構造のなかでの物の機能の超克とによって開かれ、刺激され、リズムを与えられ、拡大されたものとしてのみ存在するからである。空間は或る意味では物の実在的な自由であり、物の機能はその形式的な自由にすぎない。金持の家の食堂は、構造化されてはいたが、それは閉じられた構造だった。機能的な環境はもっと開かれ、もっと自由であるが、その構造は破壊され、さまざまな機能に細分化されている。統合された心理的空間と、細分化された機能的空間とのあいだ、両者の区別において、シリーズになった物は、相互の証人となりつつ、しばしば同じ室内の枠のなかで機能している。

典型的な室内

ユニット家具　強制的な外在性でも、隠れ家としての内在性でもない、見つけることのできないこの空間、この自由、シリーズになった物のなかにあるが、機能に従属しているために読み取れない《様式》、われわれはそれが典型的な室内のなかにあることを見出す。そこに、新しい構造と、意味のある転回とが現れる。[4]

「メゾン－フランセーズ」、「家具と装飾《モビリエ・エ・デコラシオン》」といったデラックスな雑誌[5]を拾い読みしてみると、二つのテーマが交互に現れるのがわかる。ひとつのテーマはたぐいのない家、一八世紀の古い家、すばらしい設備のある別荘、赤外線で保温され、エトルリアの小彫像を数多く配したイタリア風の庭園、要するにユニークなものの世界を強調するが、この世界はただ希望もなく眺めることを強制するだけである（それが少なくとも社会学的には道理に適ったことだ）。これは貴族的な典型であって、その絶対的な価値によって、現代的設備の装飾というもうひとつのテーマの土台になっている。ここで提示されている物と家具は、高い《社会的地位》を示すものではあるが、しかしながら社会的影響力を持っていて、もはや夢の商業的創造ではなく、本来の意味での典型である。われわれはもはや純粋芸術のなかには存在せず、あらゆる社会にとって（少なくとも潜在的に）関心のある領域に存在している。

家具の前衛であるこれらの典型は、**ユニット家具**と**椅子**という基本的な対立にしたがって並んでいる。そしてこれらの典型がしたがう実践命令は、**配置**の命令もしくはサンタグム的計算であり、これに対しては椅子がユニット家具に対立するように、雰囲気という一般概念が対立する。

《テクマ――延長することも、並置することもできるユニットが、かたちを変え、大きくなります。それらのユニット家具は調和していて、完全に同質の家具になります。機能的で、現代生活のあらゆる命令にしたがいます。書庫・バー・ラジオ・衣装だんす・衣装小部屋・書き物机・長持・たんす・食器棚・ガラスケース・整理箱・隠せるテーブルといった、あなたのすべての要求に応じます。テクマの材料は油を塗ったチーク、またはニスを塗ったマホガニーです。》

《オスカル――あなたの手でオスカルの家具を。感激するような未完成。オスカルの家具は、あらかじめ分割されたユニットのたわむれです。立体的で、色彩があって、あなたの手にふさわしい、あなたの家具の小さな典型を作る喜びを見つけて下さい。作り、かたちを変えて下さい。あなたの家で、お暇なときに。

本当に、オスカル家具に命令して下さい。それはオリジナルで個性的で、あなたの家の誇りです。》

《モノポリー――モノポリーの家具は、どれもあなたの個性の最良の友人です。高級家具のシステム、材料はチークかマコレで、つなぎ目も合わせたところも見えません。あなたの好みと尺度に合い、あなたの求めに応じる本当の家具が、限りなくさまざまの組合わせでできる、四つの側面のあるユニットでできます。

ひとつのブロックで、たくさん結びつけられるユニット。お買い上げ下されば、あなたが夢見ていたすばらしい環境が、あなたの家にも作れるのです。》

これらの例によって、機能を持つ物が、機構の新しい実践的な秩序の方へと進んで行くことがわかる。象徴的価値と使用価値は、機構的価値の背後に隠れる。古い家具の実体と形式は決定的に捨てられて、そのかわりに極度に自由な機能の動きが現れる。もはや物に《魂》が与えられることはない。また物があなたにその象徴的存在を与えることもない。関係は客観的になり、配列と運動の関係である。この関係が持つ価値は、もはや本能的・心理的な領域には属さず、戦略的である。あなたに知らされるのは、あなたの動きの差異と進行であって、特別な関係の秘密ではない。社会構造、人間相互間の構造の感知できる変化とともに、基本的な閉鎖がなくなる。

壁と光　今日では、部屋それ自体、家それ自体が、部屋・家を隠れ場所としての空間にしていた、壁という伝統的な仕切りを越えている。部屋は互いに開かれ、すべてが交流する。部屋は、コーナー、拡がった場所、動かせる仕切りへと細分化される。部屋は自由になっている。窓はもはや空気と光の侵入に対して設置された穴ではない。以前には、光は外部から物の上に射して、あたかも《内側からであるかのように》物を照明していた。もっと単純なかたちでは、今日では窓はもはや存在せず、自由に入ってくる光は、物の存在の普遍的な関数になっている。同様に、物はその基礎になっていた実質と、物を閉じこめていたかたちを失った。そしてそのことによって人間は物を人間のイメージに付着させた。今では、空間が物のあいだで自由に運動し、物相互の関係と物の《価値》の普遍的関数になっている。

照明　同じような転換の領域で、多くの細部が意味を持っている。たとえば光源を見えないようにする傾向がある。《天井を上げて、そのまわり全体に螢光灯をつける。それによって、目立たない全体的な照明が確保される。》《カーテンに沿った天井の隅、家具の上部の背後、たんすの上など、多くの場所に隠された光源による、一様な照明。》あたかも光源がまだ物の起源であるかのようにすべてが進行している。たとえ光源がもはや天井からは家族の輪を照明せず、たとえ光源が拡散し、数が少なくなっても、それはまだ特権的な親しさのしるしであり、物に独自の価値を与え、影を作り、存在を創造する。単純で同質なユニット家具の客観的な計算を目ざすシステムが、室内照明と、視線または欲求によって物を象徴的に包むこととのこの最後のしるしをなくそうとしていることが理解されよう。

鏡と肖像　もうひとつの兆候は、姿見と鏡の消滅である。多くの形而上学のあとで、鏡の社会心理学を作らなくてはならないだろう。伝統的な農民の生活では、姿見は知られてはいない。おそらく恐れられてさえいる。姿見には妖術師に似たところがある。これに反して、金持の家の室内、そしてシリーズになっている今日の家具において残っているものでは、壁・衣装だんす・ワゴン・食器棚・壁板に鏡が数多く使われている。光源と同じく、姿見は部屋の特権的な場所である。この意味において、姿見は裕福な家庭生活のいたるところで、反復表現・表面性・反映というイデオロギー的役割を演じている。それは豊かな物で、そこではブルジョワの尊敬すべき実際生活そのものが、その外見の数を増し、自分の財とたわむれる特権を見出す。もっと一般的に次のように言っておこう。すなわち、象徴の秩序に属している物である鏡は、単に個人の特徴を反映するだけではなく、その展開のなかに、個人の意識の歴史的な展開を伴っているのである。したがって姿見には社会秩序全体の承認がある。ルイ一四世の時代が鏡の間に要約されるのは偶然ではない。また、もっと最近に、アパルトマンにおける姿見の増加が、ナポレオン三世からモダンスタイルにいたる市民意識の勝ち誇ったパリサイ主義の増大と一致していても、それは偶然ではない。しかし、事物は変化した。機能的な全体のなかでは、反映のための反映はもはやなくなっている。姿見はいつでも存在している。その明確な機能は、なかでも仕切られていないトイレ付き浴室において存在する。姿見は、社会的交流が要求する、外見にきちんと気をつけるという役割を持っているが、家庭の主観性の恩恵・特権からは自由になっている。それと同時にその他の物も姿見から自由になり、閉じられた回路のなかで、そういう物のイメージとともに生きたいとは思わなくなる。なぜなら、鏡は空間を終らせ、壁の存在を前提とし、中心に戻るからである。姿見があればあるほど、部屋の内密性は栄光を増すが、それだけ一層部屋はまわりを仕切られることになる。開放された部分と透明な仕切りを増やそうとする今日の傾向は、まさに鏡とは逆の方向にある。(さらに、姿見によって許容されるすべてのトリックは、建築材料を突き抜けようとする今日の要求と衝突する。) ひとつの環が壊れた。そして現代的な秩序が、中心にあるか、或いは見えすぎる光源と、それを反映する姿見、つまりすべての家庭と中心への回帰とを除去し、それによって集中化する斜視——この斜視はブルジョワ意識に倣って、装飾を自分の方へ引き寄せて見ていたのだが——そういう斜視から空間を自由にするとき、この秩序においてひとつの実在的な論理を認めなくてはならない。(6)

鏡とともにもうひとつ消え去ったものがある。それは家族の肖像、寝室にある結婚写真、客間にある家長の全身肖像または胸像、まわりに子どもたちの顔のある顔の絵である。こういったもののすべては、何らかの意味で家族の通時的な鏡を構成していたが、現代性の或るレヴェルで、実在する鏡とともに消え去る（現代性の普及はまだ遅れている）。オリジナルもしくは複製による美術作品は、もはや絶対的な価値としては登場せず、結合された仕方で現れる。装飾品としては、絵画よりも版画が好まれて成功していることは、版画の絶対的価値が低いことによってまず第一に説明がつく。絶対的な価値の低さは、すなわちその最大の連関的な価値である。ランプや鏡と同じく、いかなる物もふたたびきわめて親密な家庭の中心にはなりえない。

時計と時間　現代の室内で、転回してしまったもうひとつの幻影は、時間という幻影である。掛時計または振子時計という本質的な物が消え去った。農民の部屋に火と煙突があるとすれば、掛時計もまた、威厳があり生きているひとつの要素である。ブルジョワまたはプチブルの家の室内では、それは振子時計となり、たいがいは鏡の下にある大理石の煖炉の上に置かれていて、これらの物すべてが、ブルジョワの家庭生活の、最も異常な象徴的縮図を構成している。なぜなら掛時計は、空間のなかにある鏡の、時間のなかでの等価物だからである。鏡のなかの像との関係が、空間のひとつの閉じられたもの、自己投入のようなものを作るのと同様に、掛時計は逆説的にも時間の永続と自己投入の象徴である。農民が使っていた掛時計は、今日最も需要の多い物である。そういう掛時計は家具の親密さのなかで、驚かせることなしに時間を捉えるので、まさに世界のなかで最も安心感を与えるものである。タイムレコーダーは、われわれを社会的な作業に結び付けるとき、不安を与える。しかしそれが時間を実体化し、消費される物として時間を切断するときには安心感を与える。振子時計・掛時計のチクタクという音が、ひとつの場所の持っている親しさをどれほど確実にするかは誰でも知っている。それはチクタクという音が、ひとつの場所をわれわれ自身の身体の内部と似たものにするからである。掛時計は、われわれ自身の心臓の上でわれわれを安心させる機械仕掛の心臓である。時間という実体が溶けこみ、同化されるプロセス、この持続の存在が、他のすべての退化しつつある家庭の中心と同じ資格で、外在性・空間・客観的関係という現代的秩序によって忌避される。

配置の社会学へ？

《気分》の全世界、魂の動きと物の存在との《自然な》結合の世界、（現代的な《内面》の外化された環境に対する）内面化された環境、そういうものが消え去った。今日、価値があるのは、もはや所有や親しさのではなく、情報・創造、客観的なメッセージのたえまない入手の価値である。価値は現代の住民の言説を正に基礎付けているサンタグム的計算のなかにある。

装飾の概念はすっかり変化した。秘密の親近性によって美を規定するものとしての伝統的な趣味は、ここではもはや介入しない。かつて、答えあうのは詩的な言語表現、閉ざされた物の喚起であった。今では、物は答えあうよりも伝達する。――物はもはや独自の存在を持たず、せいぜい全体の整合性があるだけである。この整合性は、コードの要素としての物の単純化と、物の関係の計算とからできている。制限のない組合わせにしたがって、人間は物とともに構造的な言語表現を行う。

　広告はあらゆるところで装飾のこの新しい様態を上手に活用する。《快適でよく連絡している三つの部屋を三〇平方メートルで！》、《あなたのアパルトマンを四倍に！》もっと一般的には、広告は《問題》と《解決》ということばで室内と設備について語る。装飾の現代的意味は、《趣味》にはなく、また物の劇場を作ったり、雰囲気をかもしだしたりすることにはなく、ひとつの問題を解決すること、与えられたもののもつれた状態に最も緻密な解答を与えること、ひとつの空間を動員することにある。

　シリーズになっている物のレヴェルでは、この機能的ディスクールの可能性は小さくなっている。物と家具は拡散した要素であって、この要素のシンタックスは見出されていない。配置の計算があるとすれば、それは欠乏の計算であり、物はその抽象化のなかで貧しく見える。しかしこの抽象化は必要である。モデルのレヴェルで、機能的運動の関係項の同質性の基礎になっているのは、この抽象化である。まず第一に人間が事物と混合することをやめ、人間のイメージに似せてそれらの物に投資することをやめなくてはならない。それは物の使用を越えたところで、事物に対して人間の運動・計算・言語表現を投射し、この運動そのものを他人に対するメッセージ、自己自身に対するメッセージとして投資するためである。この段階において、《雰囲気を作る》物の存在の仕方はすっかり変わり、家具の社会学のかわりに配置の社会学が現れる。[7]

　広告の映像と言語表現がこの変化を立証している。広告の言語表現は、直説法または命令法を用いて、行為者・操作者としての主体を直接に舞台に上げることによってこの変化を立証しているし、映像表現はこれとは反対に主体の存在を消去することによって——それはこの存在が何らかの意味で時間が遅れたものになるからだが——立証している。主体とは事物のなかに主体が作る秩序であり、この秩序は反復表現を排除する。人間は映像表現からおのれを消去しさえすればよい。人間の存在は実行されるものである。人間が作るのは空間であって装飾ではない。家長の肖像は伝統的な装飾の最も明瞭なコノテーションであったが、この肖像が伝統的な装飾のなかで通常存在したとすれば、これに反して署名は《機能的な》空間にとって無関係である。

配置する人間

われわれは、どのようなタイプの居住者が典型として提示されるかを了解する。《配置する人間》は、所有者ではなく、単なる使用者でもなく、雰囲気についての積極的な情報提供者である。彼は分配の構造としての空間を、この空間の管理を通して処理する。彼は相互関係の可能性、したがって物の役割の全部を保持している。(だから、もしも彼が、配置のメッセージが彼から発せられて彼のところに戻って来るのを望むならば、彼自身がこの空間と同質の《機能的なもの》にならなくてはならない。)彼にとって重要なのは、所有や享受ではなく、《解答》の永続的な可能性を準備しているという本来の意味における責任である。彼の実践はまったくの外在性である。現代的な居住者は、物を《消費》しない。(ここでも《趣味》は関係がない。趣味はその二重の意味でわれわれを閉じられた物に向けるが、物のかたちは、いわば《食用になる》実体を持っていて、この実体が物を内面化させている。）現代的な居住者は、物を支配し、管理し、物に秩序を与える。彼は体系の操作と、体系の戦略的均衡とのなかに存在している。

この《機能的》居住者の典型のなかには、明白な抽象化がある。広告はわれわれに対して、現代人は根本的にはもはや物を必要とせず、コミュニケーションの知的な技術者として、物のあいだで作業をすればよいのだと信じさせようとする。ところが、環境は体験された存在の様態であり、したがって、純粋な技術の領域のなかで捉えられた計算と情報のモデルを環境に適用することは、大きな抽象化である。さらにこの客観的な運動は、《あなたの趣味に合わせて》《あなたの尺度で》《個性化》《この雰囲気はあなたのもの》などといったあいまいなことばと重なる。こういうことばは環境と矛盾し、事実上環境にとってのアリバイの役をする。整理する人間に対して提示される客観的運動は、いつもこの広告の二重の運動によって把握し直される。しかし、この運動の論理そのものは、人間関係の一般戦略、人間的なもくろみ、技術時代の生き方、そういうものについてのイメージを与える。――これは文明の本当の変化であり、この変化のもろもろの局面は、日常生活のなかにまで読み取ることができる。

物――つつましく受容的なこの端役、伝統的な日常性のなかで体験され、今日にいたる西欧のあらゆる美術によって描かれた一種の心理的奴隷、打ち明け話を聞いてくれる役、こういう物は、装飾・遠近法・実体・かたちについての明確に規定された概念と結び付いた、全体的な秩序の反映であった。この概念によると、かたちは内と外との絶対的な区別である。かたちは、固定した包含するものであり、内にあるものは実体である。このようにして、物、特に家具は、その実際的な機能のほかに、想像的なものという器の第一の機能を持っている。[8] 心理的受容性がこの機能に対応する。このようにして、物はあらゆる世界観の反映である。この世界では、それぞれの存在はひとつの《内面性の器》と考えられており、もろもろの関係は実体のあいだの相互関係と考えられている。家そのものが人間の身体の象徴的な等価物であり、この等価物の強力な有機体的図式は、社会構造の統合の理想的な図式のなかで一般化される。こういうことのすべてが、生活の全体的な様態を作っている。この様態の基本的な秩序は、価値の源泉である根源的な実体としての自然の秩序である。物の創作や製造において、人間は文化という形式の設定を通して自然を横断して実体化する者になる。それが、創造性の根源的な図式を構成する、時代から時代へ、かたちからかたちへという実体のつながりである。あらゆる詩的・隠喩的な象徴表現を伴う子宮《アブゥテロ》からの創造である。[9] そこで、意味と価値はかたちの支配下での実体の世襲的な伝達から由来するので、世界は与えられたものとして体験され（無意識と幼児体験においてはつねにそうである）、この世界をあらわにし永続させるもくろみがなされる。そこで、物を取り囲むかたち、自然のひとつの断片が、人間の身体のなかでのようにそこに含まれる。物は根本的に人間に似ている。そうすると人間は、自分の身体の器官と結ばれているのと同じ、深い親密さによって（異なる点は別として）周囲の物と結ばれている。そして物の《特性》は、潜在的には、つねに口頭での結合と《同化》とによるこの実体の再把握を目ざす。

今日われわれが現代的な室内で見るのは、このような自然の秩序の終りである。つまり、かたちの破壊を通して、また内と外の形式的な境界の解決、そこにかかわる存在と外見の複雑なすべての弁証法の解決を通して存在する、関係と客観的責任との新たな性質である。技術社会についての体験された企図は、創世の思想を考え直すこと、つまり、起源、与えられた意味、《本質》――古き良き家具はまだその具体的な象徴であった――の除去である。それは全体的な抽象化を基礎とする、実践的な計算・概念化であり、与えられた世界ではなく生産された世界という考え方、支配され、操作され、整理分類され、管理された世界、獲得された世界という考え方である(10)。

この現代的な秩序は、既製の伝統的な秩序とは特に異なっているが、しかしこの秩序もまた基本的な象徴的秩序に由来している。実体の自然的秩序を基礎とする過去の文明が、口腔的構造と結び付くことがありうるとすれば、生産・計算・機能性の秩序のなかに、与えられたものを克服し変化させ、客観的な構造の方へ現れようとする試みと結び付いた、男根的な秩序を見なくてはならない。しかしまたこの現代的秩序のなかには、糞便性の秩序も見なくてはならない。この糞便性の秩序の基礎は、同質の材料を告知することを目的とする本質としての抽象化と、この材料の計算と切断と、それに、遊び・言語表現・秩序・分類・分配のなかで昇華された、すべての肛門期攻撃性である。

物の機構は、たとえその目標が技術にかかわるくわだてのなかにあるとしても、同時にそれはつねに投影・充当〔訳注二〕の強力な領域である。その明証は、機構にかかわるくわだての背後、そしてわれわれのばあいでは、整理しようという意欲の背後にしばしば豊富に存在する偏執のなかにある。すべてが伝えられ、すべてが機能的でなくてはならない。――より多くの秘密、より多くの神秘が必要である。それによってすべてが構成され、そのためにすべてが明白になる。もはやここには伝統的な家事の偏執はない。事実はそれぞれがその場所にあり、すべてが適切でなくてはならない。かつての事物は道徳であったが、今日の事物は機能的である。今日の事物は、それを内部にある器官の絶対的な伝導性を求める糞便性の機能と関連させることによって説明される。ここに、技術文明の性格学の基礎があるだろう。もしも心気症が、物質の循環の偏執と、重要な器官の機能性の偏執であるとすれば、サイバネティックス的である現代人は、何らかの点で、メッセージの絶対的循環という偏執を持つ、脳の心気症患者であると考えることが可能である。

(1) 家具・物には趣味と様式があることも、ないこともありうる。
(2) しかしそれがそれらを通して、同時に全体的社会に対して相対的にならないかどうかを問わなくてはならない。「モデルとシリーズ」を見よ。
(3) 同様に、市民革命・産業革命は、宗教・道徳・家族のかかわりから、個人を徐々に自由にする。個人は、人間としては権利上の自由を得るが、労働力としては事実上の自由を得る。つまり、自分を労働力として売る自由を得る。これは偶然の一致ではなく、深い相互関係の結果である。社会的個人とともにシリーズになっている《機能的な》物は、《機能的な》客観化のなかで自由になっているのであって、物または人間の独自性と全体性のなかで自由になっているのではない。
(4) したがってそれは特権的なレヴェルにおいてである。ひとつの制限された集団に、社会全体の眼にとっての典型としての物・家具を通しておのれを表現する自由があるという事実には、社会学的・社会的な問題がある。しかしこの問題は別のところで論じたい(「モデルとシリーズ」)。
(5) シリーズになっている家具を特集する雑誌などは考えられない。そういう目的のためにはカタログがあるだけである。
(6) 時折は鏡が戻って来るが、しかしそれはロマンチックな鏡、古い姿見、凸面鏡といった第二次的な物として、バロック文化の様態によってである。鏡の機能はもはや以前と同じではなく、古い物という枠のなかであとで分析されよう。

(7) R・バルトは、この新しい側面について、自動車に関連して次のように書いている。《……自動車のモデルがどれも同じかたちをしていることは、技術の完成という考え方そのものを否定するように見える。そうすると、〈正常な〉運転だけが、力と創造の幻想を投資する、ただひとつ可能な領域になる。自動車は、その幻想的な力を、実生活の何らかのかたまりに転移させる。物そのものに対しては細工ができないので、運転に細工をすることになる。……人間の夢を刺激するのは、もはや自動車のかたちや機能ではなく、その操作である。そしておそらく、書かれなくてはならないのは、まもなく自動車の神話学ではなく、運転の神話学ということになるだろう。》(*Réalités*, n° 213, octobre 1963)

(8) しかし、次元についてのひとつの法則が、象徴的機構のなかで働いているように思われる。或る大きさ以上のすべての物は、方向を持つ物(自動車・ロケット)という男根的な物も、受容するもの、器、子宮になる。また或る大きさ以下の物(器やがらくたでも)はペニス的になる。

(9) 知的・芸術的な生産は、贈り物・霊感・才能といった伝統的な局面のもとでも、等価物以外のものではなかった。

(10) この実践のモデルがはっきりと現れるのは、技術の高いレヴェルか、テープレコーダー・自動車・家庭用品といった、高度に発達した日常的な物のレヴェルに限られる。そういう物においては、ダイアル・計器盤・コントロールボタンなどにおいて、抑制と配分の関係が示されている。また日常性も、伝統的な実践によってまだ非常に強力に支配されている。

II　雰囲気の構造

配置は環境の機構的側面を要約してはいるが、現代的な室内の体系のすべてではない。現代的な室内の体系は、**配置**と**雰囲気**という対立関係を基礎にしている。広告の言語表現のなかには、配置という技術的命令のほかに、雰囲気という文化的命令がつねに追加される。この二つの命令は、いずれも同じ実践を構造化しており、同一の機能体系の二つの側面になっている。いずれのばあいにも、運動と計算という価値が働いている。それは配置のための機能の計算、雰囲気のための色・材料・かたち・空間の計算である。(1)

雰囲気の価値――色

伝統的な色　伝統的に、色には心理的・道徳的な暗示がある。ひとには好きな色があり、自分の色がある。色は、事件・儀式・社会的役割によって与えられることもあり、木・皮・布・紙といった材料の特性でもある。特に、色のまわりにはかたちがある。かたちはほかの色を求めず、自由な価値ではない。伝統は、色を内的な意味作用と線の閉鎖とに従属させる。流行にはあまり捉われることのない儀式においても、色はそれ自体の外側で大きな意味を持つ。色はカタログになった文化的意味作用の隠喩である。最も貧しいレヴェルでは、色の象徴機能は、情熱的で攻撃的な赤、平静のしるしである青、楽観的な黄色といった心理的なもののなかに消滅してしまう。そうすると、色の言語は、花・夢・十二星座の言語と結び付く。

この伝統的な段階は、色が色としては否定され、十分な価値を持つものとしては拒否される段階である。ブルジョワ家庭の室内では、色が《色調》《ニュアンス》といった控え目なものに還元されることが非常にしばしばある。灰色・モーヴ色・ざくろ色・ベージュといった色調は、いずれもビロード・羅紗・サテン、多くの布地・カーテン・敷物・壁布、重々しい材料、《スタイルのある》かたちに与えられる。ここには空間に対するのと同じ、色に対する道徳的拒絶がある。この拒絶は特に色についてなされる。色は非常に目立つものであり、室内にとっては脅威である。色の世界は価値の世界と対立し、《シック》なことは、つねに外見を犠牲にして存在を生かすことである。[2] 黒・白・灰色といった色の零度は、それもまた威厳・抑圧・道徳的地位のパラディグムである。

《自然な》色

色は非常に罪のあるものであるから、その解放を祝うのはずっとあとのことであろう。自動車とタイプライターの色が黒でなくなるのには何世代もかかり、冷蔵庫・洗濯機の色が白でなくなるのにはもっと時間がかかるだろう。絵画は色を自由にするが、日常生活でその効果が感知されるには長い時間が必要であろう。鮮やかな赤の肘掛け椅子、ブルーの長椅子、黒いテーブル、多色配合の台所、二または三の色調から成る居間、反対色による室内の壁、青またはバラ色の正面、そしてモーヴ色または黒の下着については言うまでもないが、このような色の自由化は、全体的な秩序の破壊と固く結び付いているように思われる。またこの自由化は、機能を持つ物（合成した材料、多くのかたちを持つ物、伝統的ではない物、多くの機能がある物）の自由化と同時に起こる。しかしこのような自由化の進行に問題がないわけではない。なぜならそういう色は、そういう色として現れているので、ただちに攻撃的なものとして知覚されるからである。モデルは色を放棄し、衣服と設備においては、つつましい色調の内面性へと戻って来ようとする。現代性がかたちの分裂と同じ資格で色を高めたのちに、純粋な機能性と同じ資格で把握しているように見える、色の猥褻のようなものがある。どこでも労働は見られてはならず、どこにも本能が侵入してはならない。コントラストの除去と、色の激しい《配当》に対立する、色の《自然》への回帰とは、モデルのレヴェルでのこの妥協を反映している。これに反して、シリーズのレヴェルでは、鮮やかな色はつねに解放のしるしとして体験される。事実、鮮やかな色は、しばしばもっと基本的な性質の欠陥（特に空間の不足）を補償する。区別ははっきりしている。鮮やかな《通俗的》な色は、第一次領域、機能する物、合成した材料と結び付いていて、シリーズになった室内を支配するだろう。そこで、そのような色には機能する物と同じあいまいさがある。自由化のような何かを表象してから、それらの色はいずれも罠としての記号、生きる機会のない自由が見られるアリバイになる。

さらに、これらのはっきりした《自然な》色は――そういう色のパラドックスだが――、実際にははっきりしてもいないし、自然でもない。それらの色とは、自然の状態を想起できないということである。そこから、それらの色の攻撃性・素朴さが生ずる。――またそこから非常に急速に、ひとつの秩序のなかへのそれらの色の逃避が生ずる。その秩序は、もはや色を拒否するという伝統的な道徳の秩序ではないが、しかしながらやはり、自然と妥協したピューリタン的な秩序、つまりパステルカラーの秩序である。パステルカラーの支配。衣服・自動車・トイレ付き浴室・電気器具・プラスチック、それらのどこにも、実際に、生きた力として絵画が自由にした、《はっきりした》色は支配していない。パステルカラーは、鮮やかな色になろうとするが、その色の道徳化されたしるしにすぎない。

しかし、二つの妥協がある。ひとつは黒と白への逃避であり、もうひとつはパステルカラーへの逃避である。もしもこの二つの妥協が、根底においては、衝動の直接的な表現としての純粋な色に対する同じ否認を表しているとしても、同じ体系によれば実際にはそうではない。黒と白への逃避という第一の妥協は、まったく道徳的で反自然的な秩序のものである。黒・白のパラディグムとして体系化される。パステルカラーへの逃避というもうひとつの妥協は、もはや反自然ではなく自然性に基づくもっと大きな領域のなかで体系化されている。この二つの体系は、もはや同じ機能を持ってはいない。黒（灰色）は今でも、あらゆる種類の通俗的な色と対立する、品位・教養の意味を持っている。(3) 白はまだ一般的に《有機的》領域を支配する。浴室・台所・シーツ・下着といった、身体を直接に延長したところにあるものは、何世代も前から白ときめられている、白は、身体からそれ自体との危険な親しさを除去し、衝動を消してしまう、外科的・処女的な色である。また清潔さと基本作業というどうしても必要な領域では、合成物質・軽金属・フォルミカ〔デコラの類〕・ナイロン・プラスチック・アルミニウムなどが発達し、必要とされている。こういう材料の軽さと有効性が、この領域で大きな意義があることはたしかである。しかし、この加工の容易さそのものは、労働を軽くするだけであり、このどうしても必要な領域全体で価値をなくすのに役立つ。われわれが使っている冷蔵庫やその他の器具の単純で流れるようなかたち、軽い、プラスチックまたは人工の材料もまた、《白さ》と同様に、これらの物にある明示されない度合いであって、それは意識のなかの責任と、身体にある、罪のある機能との深い削除を示している。ここでも色は徐々に現れてくる。しかし、それに対する抵抗は根強い。いずれにしても、台所は青または黄色であり、浴室はバラ色であった。（或いは浴室は黒だった。それは《道徳的な》白に対する反動としての《スノブ》の黒である。）これらの色がどのような性質を暗示しているのかを問うことができる。それらの色がパステルカラーに変わらないときでさえ、それらの色は或る性質、それ自身の歴史を持ち、レジャーとヴァカンスの性質であるようなひとつの性質のコノテーションになっている。

日常的な雰囲気を変形させるのは、《真の》自然ではなく、ヴァカンス、つまり自然の模擬、日常性の裏側である。この日常性の裏側は、自然そのものによってではなく、自然という観念で生きている。モデルの役を演じ、色を第一次的な日常性の領域に送りこむのはヴァカンスである。器具の鮮やかな色、弾力性、暫定的な実用性などへの傾向が確認されるのは、モデルと自由領域として体験される、ヴァカンス（キャンピングカー・テント・道具）という、自然環境の代用品である。ひとびとは、自分の住居を自然のなかに移すことから始めて、最後は自分の住居にレジャーのいろいろな意味と、自然という観念を植えつけることで終る。そこには、レジャーのなかへの物の逃走のようなものがある。自由と無責任とが、色と、それと同時にマチエールとフォルムの移行的で意味のない特徴のなかに存在している。

《機能的な》色　そこで、徹底した自由化（この自由化は特に美術において、また実際は非常に控え目にではあるものの、日常生活においてなされているが、色の娼婦的特徴が徹底的に示されている広告と商業の領域ではなされていない）の短いエピソードのあと、自由になった色は、ただちにひとつの体系によって捉え直される。この体系では、自然は自然性として、つまり自然のコノテーションとしてのみ介入する。この自然のコノテーションの背後では、本能的な価値は微妙に否認され続けている。しかし、《自由な》色の抽象化そのものによって、それらの色は運動の自由を得る。モデルのレヴェルでの色は、今日この第三の段階へと向かいつつあるのが見られる。この段階は、雰囲気の価値としての色の段階である。レジャーのさまざまな色のなかには、《雰囲気》のこのような運動をあらかじめ示しているものがある。しかしそれらの色はまだ、体験される体系（ヴァカンス、第一次の日常性）にあまりにもかかわっているので、外部の束縛であい変わらず苦しんでいる。一方、雰囲気の体系のなかでは、色はそれ固有の運動にしかしたがわず、あらゆる束縛・道徳・自然を脱し、雰囲気の計算という命令にのみ応じている。

　実際、そうなるとわれわれがはっきりとかかわるのは色ではなく、トーン・色調といったもっと抽象的な価値である。色調の結合・配分・対照が、色についての雰囲気の本当の問題になっている。青は緑と結合できるが（すべての色が結合されうる）、或る種の青だけが或る種の緑と結合できるのであり、そうすると青と緑の問題は存在せず、ホットとクールという問題が存在する。同時に、色はもはやそれぞれの物を強調して、装飾のなかでその物を孤立させるものではなく、感覚的性質のなかで徐々に価値を減じて行き、しばしばかたちと分離されている対岸である。部屋に《リズムを与える》のは、それらの色の色調の差異である。ユニット家具がそれ独自の機能を失って、極限ではその位置を動かすことができるということによってのみ価値を持つのと同様に、色もそれ固有の価値を失って、どうしても相互に、また全体に対して相対的になる。これが色が《機能的》ということの意味である。

《椅子の本体の色は壁と同じトーンだが、椅子のカバーは壁布と同じトーンである。弱い白や青といったクールなトーンの調和があるが、しかしルイ一六世時代の鏡の装飾付きの枠、テーブルの明るい色の木、鮮やかな赤で強調されたタイル・カーペットのようないくつかのアクセントが、ホットな対立物を作っている。カーペット・椅子・クッションの赤は、上昇する流れとなり、壁布・長椅子・椅子の青が作る下降する流れと対立する。》(Betty Pepys, *Le Guide pratique de la décoration*, p. 163)

《(天井の）広い青い表面から切り離された、艶のない白の中性的な基調。この白と青は、白大理石のテーブルとカーテンの、装飾的な配列のなかに再び見出される。配置された低い家具の鮮やかな赤の扉。実際われわれは、明確ないくつかの色による立体のなかにある。この立体には、ニュアンスのあるトーンもしくは甘いトーンは欠けているが（甘さはすべて左側にある絵画のなかに逃避している）、大きな白い部分によって均衡が与えられている》(p. 179)。《室内の小さな熱帯植物の庭は、墨塗りのガラスでリズムを与えられ、それと同時に保護されている。》（ここでは黒と白はもはや伝統的な意味を何ひとつ持っていないことに注意したい。この二つの色は、黒と白の対立を離脱して、あらゆる種類の色の全体のなかで戦略的な意味を持つようになる。）《あなたがこういう色を選ぶのは、あなたの部屋の壁が、いくつかの入口があるために大きいか小さいからであり、あなたの家具がヨーロッパ的または異国的な性質を持っていて、古いか現代的だからであり、或いはまだほかのはっきりした理由があるからである……》（p. 191）——もしもわれわれがこういう助言を考慮するならば、この第三の段階はまさに色の客観性の段階であるように思われる。厳密に言うと、この客観性は、他の所与のなかでの多少とも複雑なひとつの所与、解決のひとつの要素にすぎない。繰り返すが、この点において色は《機能的》である。つまり、計算という抽象的な概念へと導かれている。

ホットとクール　《雰囲気》は、色に関してはホットなトーンとクールなトーンとの計算された均衡に基づいている。これは基本的な意味作用的対立である。この対立関係は、ユニット家具とソファー[4]、整理と雰囲気といった別の対立関係とともに、室内装飾の言説的体系に大きな整合性を与えることと、それによって物の包括的な体系の直接的なカテゴリーを作ることとに役立っている。（この整合性が、おそらくははっきり現れた言説の整合性にすぎないことがやがてわかるだろう。このはっきり現れた言説の下に潜在する言説は、たえず矛盾を示している。）ホットなトーンの熱さという問題に戻るならば、たしかにそれはもはや信頼・親しさ・愛情の熱、色と物質から出てきた有機的な熱ではない。この熱には固有の濃さがあって、それと意味作用的に対立させるためのクールなトーンを必要としない。そのかわり今日では、それぞれの全体のなかで構造とかたちとともに干渉して作用するためには、ホットなトーンとクールなトーンが必要である。《材料の熱が、よく構成されたこの仕事部屋に親しみを与えている》《クロームメッキの把手のついた、くすんだニス塗りのブラジル産の紫檀のドア……このきびしくホットな全体に、ソファーをよく調和させる煙草色の人工皮革のソファー》――こういう広告コピーを読むと、きびしさ・機構・構造といった何かが、いたるところで熱と対立させられているのがわかる。そしてそれぞれの《価値》は二つの関係項のあいだで対照をなしている。《機能的な》熱はもはやホットな物質からも、或る種の物の調和した近接性からも生じはしない。それは、たえまない《ホットとクール》の体系的な交替と抽象的な同時性から生じる。そこでは《ホット》なものはいつも遅れている。それは意味作用を与えられた熱であり、そのためにけっして現実化されない熱である。この熱の特徴は、いかなる家庭の中心もないことである。

雰囲気の価値――材料

自然の木、人工の木　同じ分析が材料についてもあてはまる。たとえば木は、今日感性的なノスタルジーによって求められている。なぜなら、木はその実質を大地から得ており、生き、呼吸し、《働いている》からである。木には潜在的な熱があり、ガラスのように反射はせず、内側から燃える。木はその繊維のなかに時間を保持している。木は理想的な容器である。なぜなら、すべての内容はひとが時間から得たいと思う何かだからである。木には匂いがある。木は老いて行き、それ固有の寄生虫がいる。……要するに、木という材料はひとつの存在である。これがわれわれひとりひとりのなかに生きている《大きな樫の木》のイメージであり、それは継起する世代、重い家具、家族の住む家を想起させる。ところで、この木の《熱》には今も意味があるのだろうか。（大石・天然皮革・オランダ布・精銅などの熱にも意味があるのだろうか。物質的で母性的な夢のこれらの要素はいずれも贅沢なものへのノスタルジーを養っている。）

今日、このようなすべての有機体と自然との材料には、実際にはそれと同じ機能をする、弾性的で多くのかたちになれる物質がその等価物として存在している。(5) ウール・綿・絹・亜麻に代わるものとして、ナイロンやその無数の変異体が発見されてきた。木・石・金属の代わりに、コンクリート・デコラ・ポリエチレンが使われるようになった。この変化を否定したり、以前にあったホットで人間的な物質を理想的に夢見ることはできない。自然物質と合成物質との対立関係は、伝統的な色と鮮やかな色との対立関係とまったく同じで、道徳的な対立関係にすぎない。客観的には、物質はあるがままのものであって、本当のものとにせのもの、自然のものと人工のものという区別はない。なぜコンクリートは石よりも《真正》ではないのか。われわれは、紙のような古くからある合成物質がまったく自然なものであり、ガラスが最も豊かな物質のひとつであると感じている。結局、物質に伝えられてきた高貴さがあるのは、人間的秩序のなかでの貴族的神話のイデオロギーに似た文化イデオロギーにとってのみである。そしてこの文化的偏見さえ、時とともに消滅して行く。

こういう新しい物質が実際の使用のために開いた大きなパースペクティヴの外側で、それらの物質がどのように物質の《意味》を変えてきたかを知ることが重要である。

(ホットかクールかその中間かといった)色調への移行が、色にとってはその道徳的・象徴的状態を脱して、体系的なものと運動とを可能にするひとつの抽象への移行を意味するのと同じように、合成物質の製造は、その物質にとっては、自然的な象徴表現から、多くのかたちを取る性質への移行を意味している。このような多くのかたちを取る性質は、高度の抽象化であって、そこではさまざまな物質の普遍的な結合の運動が可能となり、したがって、自然の物質と人工の物質という形式的な対立関係の克服が可能となる。耐熱ガラスの仕切りと木、生コンクリートと革とのあいだに、今はもう《性質》の差はない。《ホット》な価値と《クール》な価値は、要素としての物質のすべてに妥当する。それ自体では互いに調和しないそれらの物質は、文化的記号としては同質であり、整合的な体系に構成できる。そういう物質の抽象化によって、それらは自由に結合できる。[6]

雰囲気の論理

色・物質・大きさ・空間といった、この《雰囲気のディスクール》は、体系に大きな修正があれば、すべての要素に影響を与える。家具は、脱中心化した空間のなかで動かせる要素になっており、組合わせとつぎはぎという比較的軽い構造を持っているために、家具には、チーク・マホガニー・紫檀・スカンジナビア産木材といった、もっと《抽象的な》木が必要とされるのである。[7]そしてさまざまな製品において、これらの木の色はもはや木の伝統的な色ではなく、もっと明るく、或いはもっと暗い色で、しばしばニスやラッカーが塗られているか、わざと《生のまま》であるが、これはどうでもよいことである。色も材料も抽象であり、他のものと同時に、精神的な操作の対象である。現代の環境のすべてはひとかたまりになって、ひとつの記号体系のレヴェルに移行する。それは、要素のひとつの特別な処理の結果ではない、**雰囲気**という記号体系である。その美醜が問われるのではない。それは、趣味と色という非整合的・主観的な体系にとって妥当したことであり、《議論されない》ことである。現実にある整合的な体系において、ひとつの集合体の成功が位置付けられるのは、抽象化と結合とが強制されるレヴェルにおいてである。あなたがチーク材を好きであろうとなかろうと、ユニットの構成に対するこのチーク材の整合性、平らな面に対するチークの色調の整合性、したがって空間のある種の《リズム》などに対する整合性を認めなくてはならない。そしてここに体系の法則がある。古い物、いなか風の《全部が木の》家具、高価で芸術的な骨董品にいたるまで、運動のなかに戻らず、抽象的統合の無限な可能性を示していないものはない。そういうものが今日ふえていることは、体系に対する矛盾ではない[8]。それらの物は、雰囲気の要素という資格で、最も《現代的な》材料と色として、体系のなかに非常にはっきりと入ってくる。金銀の装飾のあるチーク材の戸棚に、金属製の未来派的な立体と、一六世紀の木像の腐った木が出会うのを不整合だと見るのは、伝統的な判断、結局のところ素朴な判断だけである。ただここでは、整合性は趣味の統一という自然的な整合性ではない。それは記号の文化体系の整合性である。《プロヴァンス風の》部屋でさえ、また本当のルイ一六世風のサロンでさえも、同時代の文化体系から離脱したいという空しいノスタルジーの表現にすぎない。この部屋もサロンも、それらのものであると主張している《スタイル》から遠く離れていて、それはデコラのテーブル、人工皮革や黒い鉄の椅子と同じである。天井の梁もまた、クロームメッキをした管やエモグラ社製の壁と同じように抽象的である。ノスタルジー的なものが、物の真の全体性として受け取っているものは、それもまた組み合わせられた変異体にすぎない。それはこのばあい、いなか風の《アンサンブル》とかスタイルと呼ばれているものである。《雰囲気》と相互関係にある《アンサンブル》ということばは、与えられた主観性がどういうものであろうと、あらゆる可能な要素を、体系の理論のなかに再導入している。この体系が、イデオロギー的コノテーションと潜在的な動機付けの両方から同時に影響を受けているのはたしかであり、そのことについてはのちに論ずる予定である。しかし、記号の組合わせの論理というこの体系の論理が、不可逆的で制限のないものであることは否定できない。いかなる生産物も商品の形式論理を逃れることがないように、いかなる物もこの論理から逃れることはできない。

典型的な材料：ガラス　ひとつの材料が、環境の普遍的・現代的な機能のようなものを見出すことができる場である、雰囲気という概念を要約している。それはガラスである。ガラスは、広告によれば、誰でも知っているように、《透明な》《未来の材料》である〔訳注三〕。したがってガラスは、材料であると同時に到達すべき理想であり、目的と手段である。これは形而上学の問題である。（実際的であると同時に想像的でもあるガラスの使用の）心理学的側面について言うと、ガラスは理想の現代的容器である。ガラスは《趣味を考慮せず》、（木や金属のように）内容によって時間とともに変化することがなく、内容を神秘なものとして隠すこともない。ガラスはあらゆる混乱を断ち、熱を伝えない。結局、ガラスは容器ではなく孤立させるもの、液体を固定する奇跡であり、したがって包含する内容であり、それによって内容と容器の透明性を基礎付けている。ガラスは、雰囲気の第一命令であることをわれわれが知った超克である。またガラスには、材料の第二の状態の象徴的なもの、材料の零度の象徴的なものが、同時に存在している。凝固を象徴し、したがって抽象化を象徴する。この抽象化は、内部世界の抽象化へと向かう。狂気の水晶の領域は、未来の抽象化へと向かい、透視力のある水晶球は、自然世界の抽象化へと向かう。顕微鏡と望遠鏡によって、眼はさまざまな世界に接近する。またガラスは、破壊できず、腐らず、無色・無臭などの性質を持っているので、物質の零度の一種である。物質に対するガラスの関係は、空気に対する真空の関係のようなものである。抽象化と結び付いた運動・計算のこの価値を、われわれは雰囲気の体系のなかで確認した。しかし特にガラスは、《雰囲気》の基本的なあいまいさを最高度に物質化している。それは近接とへだたり、親密さとその拒絶、コミュニケーションと非コミュニケーションといったあいまいさである。包むもの・窓・仕切りとして、ガラスは移行なき透明を基礎付ける。つまりわれわれはガラスの向こう側のものを見ることはできても触れることはできない。ガラスを通してのコミュニケーションは普遍的で抽象的である。ショーウィンドーは仙女の国であり、フラストレーションであり、広告の戦略そのものである。広口びんにつめた食品の透明さ。形式的満足、視覚による合意、しかし結局は排除の関係である。ガラスは雰囲気とまったく同様に、その内容のシーニュだけを透視させ、雰囲気の体系がその抽象的整合性に介入するのとまったく同じように、物の物質性と需要の物質性のあいだに、その透明さのなかで介入する。このばあい、道徳という本質的な美徳は考慮されない。ガラスの純粋さ・忠実性・客観性、健康を守り病気を予防する大きなコノテーション——これはガラスを本当に未来の材料にしているものである。それはガラスそのものの物体と、第一次的・有機的機能を否認する未来、そのかわりに輝かしく機能的な客観性が現れてくるような未来である。衛生はこの客観性を身体のために道徳的に変換したものである。

《自然と親しく庭で暮すこと、四季の魅力を心ゆくまで体験し、しかも現代的な設備も捨てないこと——新しいこの地上の楽園は、ガラスを多用した家の特権である。》

《ガラスを煉瓦とコンクリートのなかに嵌めこんで、壁・仕切り・丸天井、半透明な天井などを、石と同じほど強固に作ることができる。こういう〈透明な仕切り〉は、家のなかを自由にかけめぐる光を通す。しかしそれらの仕切りは、さまざまなイメージをかき混ぜ、それぞれの部屋の親密さを保護する。》

われわれは、《ガラスの家》という永遠の象徴世界があい変わらず存在はするものの、現代性のなかではその崇高なものを失っているのを知っている。超越性の威信はなくなり、そのかわりに雰囲気の威信が現れた(これは鏡についても同じである)。ガラスは、内部と外部の、加速されたコミュニケーションの可能性を提示している。しかし同時にガラスは、目に見えない、物質的な仕切りを作り、この仕切りによってコミュニケーションが世界に対して本当に開かれるのが妨げられる。実際、現代の《ガラスの家》は、外部に向かって開かれてはいない。反対に、外部世界・自然・風景が、ガラスとガラスの抽象作用とによって、親しさと私的領域のなかで透明になり、そこで雰囲気の要素の資格で《自由に運動する》ようになる。見世物としての家庭世界のなかに再び統合された世界全体。[9]

関係と雰囲気の人間

色と材料の分析によって、今やわれわれはいくつかの結論を得る。ホットとクールの体系的な交替は、結局のところ、つねに熱であると同時に距離でもある《雰囲気》の概念そのものを定義する。《雰囲気》を持つ室内は、もろもろの存在のあいだに、この雰囲気を作るもろもろの物のあいだにおけるのと同じような、熱と熱のないこと、親しさと距離という交替を演じさせるように作られている。友人または親、家族または客というひとつの関係が、いつも厳密に存在している。しかし、この関係は動的で《機能的》でなくてはならない。つまりこの関係はいつでも可能でなくてはならないが、そこでは主観性が解消されていなければならない。さまざまなタイプの関係は、自由に交換されうるものでなければならない。これが機能的関係であるが、そこでは欲求は（理論的には）不在である。欲求は雰囲気を作るためには犠牲にされる。[10] そこからあいまいさが始まる。[11]

ソファー　雰囲気の関係を最もよく意味表示している物、つまりソファーがこのあいまいさを立証する。ソファーは、現代の家のなかで使われる家具の体系のなかで、ユニット家具とともにたえず交替しているのが見られる。ソファーとユニット家具という二つの関係項は、その対立関係によって、配置と雰囲気という重要な二つの概念の対立関係を具体化している（しかしあとの方の対立関係を支持するものではない)。

家具・装飾の雑誌に数多く載せられているソファーの最小限の機能は、おそらくは人間がそこに腰掛けるということであろう。休息のために腰掛ける、食事のためにテーブルの席に着く。椅子がテーブルのまわりにあるのではなくなった。今日ではソファーにそれ固有の意味があって、低いテーブルがそれに従属している。この意味はもはや身体の姿勢に従うものではなく、話すひとたち相互の位置に従っている。通常のばあいのソファーの配置と、たとえば或る晩におけるその位置の微妙な交換は、それだけでひとつの言説を構成する。(低いスツールから長椅子、腰掛から安楽椅子にいたる)現代のソファーは、いたるところで社会性・対話性を強調している。対決という特別なばあいがありうるときに、腰掛けた位置を非難するなどということはなく、ソファーは現代の社会的存在にとっての一種の普遍的な位置にとって好都合である。寝るためのベッドが多くなれば、それだけ一層、坐るための椅子が多くなる。[12] しかし《機能的な》ソファーは、あらゆる位置(したがってあらゆる人間関係)を自由に綜合する。そこからはいかなる道徳主義も排除される。もはやあなたは誰とも直面することはない。そこでは怒ることも、議論も、説得の試みもできない。ソファーは、和らげられ、誇張がなく、開かれた社会性、しかし活動している社会性の条件になる。こういうソファーに深く腰をおろしていれば、あなたはもはや他人の視線を支える必要はなく、あなたの視線をずっと他人に向けている必要もない。ソファーは、視線が他人たちの姿をあちこち見るだけでいいようにしている。そのばあい、ソファーに角度と深さがあるために、視線は《自然に》中ぐらいの高さ、拡散した高さに向かい、そこで視線とことばが合体する。

これらのソファーは、けっしてひとつだけでは置かれず、また向かい合って置かれないという基本的な配慮に応じている。体を休めること、特に視線の休養、危険な次元。現代社会は、第一次機能の混乱から非常に大きくわれわれを離脱させることによって、第二次的機能の混乱、視線の混乱と、視線の悲劇的次元を非難する。また、第一次的な要求が隠されているのと同じく、すべては社会性が持ちうる突然なもの、矛盾したもの、そして結局は猥褻なもの、つまり視線のなかの攻撃性と欲求との直接的運動を社会性から除去するために作られている。

したがって、ユニット家具とソファーという二つの項によって、われわれはひとつの完全な体系を得る。ユニット家具を通して、現代人はその機構的ディスクールを維持する。彼はソファーに腰を深くおろして、その関係的な言説を追求する。[13] このように《配置する人間》は、つねに《関係と雰囲気の人間》と重なり、両者が合体して《機能する》人間を構成する。

文化性と検閲　ソファーにとってだけでなく、すべての物にとっても、今日、文化性は計算と同じ程度に厳密である。かつては家具はその機能をはっきりと示していた。家の機能、つまり食事を与える機能と基本的な機能は、重く、ふくらんでいて、母性的なものを十分に意味表示している、食卓と食器棚のなかにはっきりと読み取られる。食卓・食器棚の機能がタブーだったとすれば、それらはアルコーヴ〔ベッドを入れる壁のくぼみ〕のなかのベッドのように、絶対的に姿を消した。しかしまだ、部屋の中央にあるベッドは、ブルジョワ家庭の夫婦の生活（性生活でないことは明白である）を示している。今日ではもはやベッドは部屋の中央にはない。ベッドはなくなって、そのかわりに、ソファー・背のない長椅子・長椅子・腰掛が置かれるか、ベッドは壁のなかに消えてしまうが、それは道徳的禁止によってではなく、論理的な抽象作用によってそうなるのである。[14] テーブルは低くなり、下降し、もはや存在を主張しない。台所全体が、料理するという機能を失い、機能的な実験室になる。そしてこれはひとつの進歩である。なぜなら伝統的な環境は、その率直さにおいて、道徳的な偏執観念と、物質的な生活の困難との環境だったからである。われわれは現代的な室内のなかではもっと自由である。しかしこのことは、もっと微妙な形式主義、新しい道徳を伴っている。すべては、食事・眠り・生殖から、喫煙・飲酒・受容・語ること・見ること・笑いへのやむをえない移行を意味している。内臓の機能は、文化的になった機能の前で消え去る。食器棚には、布類・食器・食料が入れられてあり、機能的なユニット家具は、本・骨董品・バー・空虚のために用いられる。《洗練》は《機能的》とともに、方向を与えられた装飾についての衝撃的なことばで、このような文化の束縛をはっきりと要約している。部屋は、社会関係の指標に対して家族の象徴を交換してきた。部屋は、もはや愛情のおごそかな装飾ではなく、儀式的でもある受容の装飾である。同時代の物と家具をもっと近くから読むならば、それらの家具・物がすでに夜の招待客たちと同じ才能で語り、同じように自由に互いに混じり合い、離れていること、また生きるために働く必要がないことがわかる。

たしかに文化は、つねに和らげるというイデオロギー的な役割を演じてきた。それは、機能の支配と結び付いた緊張を昇華させ、現実世界の物質性と矛盾のかなたに、かたちのなかにある存在の認識に必要なものを与えるという役割である。このかたちはひとつの目的性に向かって、またその目的性に反対して証言するものであり、そして基本的な包含の生き生きとした記憶を確保するものであるが、おそらく技術文明のなかで一層緊急に必要なものであろう。ただ、このかたちが反映すると同時に否認している現実と同様に、このかたちは体系化される。体系的な文化性が体系的な技術性に対応している。われわれが**雰囲気**と呼ぶものは、物のレヴェルにおける、この体系的文化性である。

雰囲気の価値——行為とかたち

あいかわらず雰囲気の価値の分析についてであるが、《機能的な》（或いは《はっきりした》《力動的な》など、どういうものでもよいが）かたちの研究に取りかかるとき、そのような価値の《スタイル化》は、それとかかわる人間の行為のスタイル化と不可分であることがわかる。人間の行為のスタイル化は、つねに筋肉エネルギーと労働との省略である。関係と計算という第二次の機能のために、第一次的な機能を消去すること、文化性のために衝動を消去すること、こういうプロセスのすべてには、物のレヴェルでの実際的・歴史的な媒介として、努力の行為を基本的に消去することがある。それは、労働という普遍的行為から、管理という普遍的な行為への移行である。ここで、千年にわたる物の状態、人間のかたちをとった状態が、エネルギー源の抽象化のなかで終る。

伝統的な行為：努力　投資されたエネルギーが筋肉的なままである限り、つまり直接的・偶然的である限り、道具は人間関係のなかに埋没したままである。この人間関係は象徴的には豊かであるが、或る種の行為のなかで定式化されていても、構造の面ではほとんど整合的ではない。動物のエネルギーの使用は、質の変化を構成するものではない。文明全体にとって、人間のエネルギーと動物のエネルギーは同じ価値のものである。エネルギーのこういう安定性が、道具の使用の停滞を招く。道具または手で使う物のあり方は、何世紀たっても変わらない。物に対する人間の深い、行為にかかわるこの関係、そのなかに世界と社会構造とのなかへの人間の統合が要約されているのだが、そういう関係には大きな充実がありうる。そしてこの充実を、われわれは道具・物の相互的な美、《スタイル》のなかに読み取る。この関係がひとつの束縛であるということが残っている。この束縛は、社会構造の束縛とともに、本当の生産性を阻害する。行為・力・象徴・機能の複合体は、人間のエネルギーによって描かれ、スタイル化されている。われわれはこれらの模造品・籠・瓶・犂を賞賛する。そういう物は、身体・努力、それらの物によってかたちの変わった物質を結合している。しかしこの適合関係のすばらしさは、関係的な束縛に従属したままである。人間は物から自由になってはいず、物は人間から自由になってはいない。動的になったエネルギーの遠隔操作・貯蔵・計算とともに、人間と物が新たな客観的な争い、つまり、相互の目的性と強制された両者の関係のなかで与えられたのではない葛藤にみちた弁証法のなかに入るためには、エネルギー源の革命が必要であろう。それによって人間は客観的な社会的生成変化の方へ転回し、またそれによって物は真理の方へ向かう。真理は、エネルギーの解放によって大きくなった物の機能性である。

機能する物が本当の物である。エネルギーの領域での革命を通して、技術の整合性と生産の秩序の(相対的な)整合性が、エネルギーの共生と、象徴的な結合のかわりになる。同時に、物に対する人間の関係は、生産力の弁証法である社会の弁証法にゆだねられる。しかし、ここでのわれわれの関心の対象は、日常の領域でのこの変動の結果である。

機能的行為：制御　われわれは日常生活のなかで、人間と事物のあいだの行為による媒介が、どれほど小さくなっているかを体験している。家庭用品・自動車・ガジェット、暖房・照明・情報・移動のための道具、そういう物のすべては最小限のエネルギー、もしくは最小限の介入しか必要としない。時には手または眼による単純な制御で十分であって、器用さは必要ではなく、せいぜい反射運動が求められるだけである。労働の世界とほとんど同様に、家庭の世界も、命令または遠くからの命令という行為の規則性が支配している。ボタン・レバー・ハンドル・ペダルがあるか、何もない。光電管のばあい、私はただ一度だけ現れるが、それも押したり、打ったり、衝撃を与えたり、身体に均衡を与えたり、力を加えて配分したり、腕をまわしたりするだけである。(要求されるのはむしろスピードである。)身体全部にとって関心のあった物を把握する能力のかわりに、(手または足による)接触、(眼や、時には耳による)制御が現れる。要するに、人間の身体の《先端》にあるものだけが、機能をする環境に積極的に参加する。

したがって、エネルギー源の自由な抽象化は、物を人間が用いるという同じ抽象化によって表されている。求められているのは、神経・筋肉の使用であるよりもむしろ、脳＝感覚の警戒の体系（ナヴィル）の使用である。しかし、もはやそれだけではない。遠くからの作用の絶対的な抽象化を和らげるものとして、制御行為（手・視線など）[15]とわれわれが名付けたものがある。或る意味ではこの最小限の行為は必要である。それがなければ、力のあらゆる抽象化は意味がなくなるだろう。少なくとも形式的な参加が、人間にその力を確信させなくてはならない。この点で制御行為が非常に重要であることが確認できる。それは技術上の好調な機能にとってではなく（もっと進んだ技術は、そういう行為なしで用いられるであろうし、おそらく実際そうするであろう）、体系の心的に好調な機能にとって非常に重要なのである。

操作の新しい領域　物のエネルギーは抽象的なので、物の機能性には限界がない。造形の等価物がない実体がもはや存在しないのと同様に、技術の等価物のない行為ももはや存在しない。最も単純な機械装置が、徐々に行為全体のかわりになり、その効果を集め、操作者と操作の対象である材料とから離れるようになる。道具のかたちと使用、材料、投資されるエネルギー、そういう関係項のすべてが変化した。材料は無限に分化し、時には気化する。ラジオにとっての情報という材料がその例である。エネルギーは、それ自体が変わることによって、材料と機能を変化させた。技術はこれまでの行為の要約しかしない。技術はその他の操作も作り出し、操作領域をまったく異なった機能または機能の集合に分割する。したがって、こういう（技術が産む）物を前にした人間の抽象化と、人間の《人目をひく疎外》

は、人間の行為が別のものによって置き換えられたという事実に由来するのではなく、機能的切断そのものの抽象化と、これまでの行為について、この切断と似た直観は不可能だということとに由来する。(16)抽象的で、けっして直接的でない知性だけが、技術の新しい構造に対応できる。知性と計算のすぐれたこれらの機能を、しだいに排他的に使用することに人間は適応しなくてはならない。ここには根深い抵抗があって、そのために決定的な遅れが生ずる。人間よりも、人間の持っている物の方が整合的になる。物は雰囲気の構成のなかで、何らかの仕方で人間に先行しており、したがって人間の行動を導いている。洗濯機を例に考えてみよう。洗濯機のかたちと行動は、布と明確な関係を持ってはいず、空間と時間のなかで、洗濯するという操作のすべては、その特殊性を失っている。洗濯機は最小限の介入、時間のきまった回転をするものであり、そこでは水そのものが洗剤という化学製品の抽象的な媒体である。機能的には、洗濯機は洗濯べらと布、または以前に使われていた小さな桶とは、まったく別の関係領域に入る。洗濯機は、冷蔵庫・テレビ・ユニット家具・自動車といった、他の客観的な操作体との不連続な機能上の結合関係に入るのであって、伝統的な道具のように、変形の対象である材料と、材料を変形させる人間とのあいだにある、実際的な媒介の領域に入るのではない。われわれは、深さのある垂直的領域から、拡がりのある水平的な領域へと移行する。

物のメカニズムのさまざまな部分が構造化されるのと同じように、技術が産むさまざまな物は、人間とは無関係にそれらの部分相互のあいだで構成され、単純化された実践の統一性へとそれらの部分を関連させ、分節された秩序に構成される傾向がある。この分節された秩序は、それ固有の技術的転回の仕方をするものであり、そこでは人間の責任は機械の制御をするだけである。こういう機械の制御は、極限では機械そのものが行うことになるだろう。

ミニチュア化　伝統的な物のまわりに、それを用いる行為が作る、連続はしているが限界のある空間のかわりに、技術が産む物は、非連続で限定されない延長を構成する。この新しい延長、この機能的次元を規制するのは、最大の機構、最大のコミュニケーションの束縛である。またわれわれは技術の進歩とともに、技術が産む物がしだいにミニチュア化されるのを見ている。

人間的なかかわり、《自然の偉大さ》と呼べるようなものから自由になり、メッセージの複雑さにしだいに従属するようになったメカニズムは、脳に倣って、もろもろの構造の不可逆的な集中、ミクロコスモスの精髄へと向かう。(17) 世界と宇宙空間とを占拠しようとする、技術のプロメテウス的膨張の時代のあとに、世界を深く操作する技術の時代が到来した。エレクトロニクス・サイバネティックス——行為の空間から自由になったそれらの効能は、最大の領域を支配し、感覚的体験とはいかなる共通の尺度もない、最小の延長を充足させることと結び付いている。(18)

スタイル化・手動性・包むこと

かたちのスタイル化は、機能的世界の自律性の増大と、また延長の最大の機構と、いたるところで相関関係にある。かたちもまたもっと自律的になり、人間の体に似せることや努力することをつねに避ける。しかしかたちは人間の体や努力を、何らかの仕方で暗示している。かたちは自由に構成されるが、第一次機能に対しては失われたその関係は、記号の抽象化のなかではあいかわらず続いている。それが、それらのかたちのコノテーションである。制御行為において手が重要なことはすでに述べた通りであるが、その手を例に述べておく。現代的な物はいずれも、まず第一に手で扱われうること（それは《機能的》とほぼ同じである）を望んでいる。手を媒介として物のかたちが見えてくるというが、その《手》とは何であろうか。それはもはや、努力の到達点である把握する器官ではなく、手で扱えることとの抽象化の記号にほかならない。手で扱えることには、ボタン・ハンドルなどがもっと適しており、そのばあい操作それ自体はもはや手の仕事を求めず、別のところに位置する。われわれはここで、形態論の面で、以前に語っておいた神話を再発見する。人間の身体が、自動的な機能を持つ物に送るのはもはやその存在のしるしだけである。人間の身体はその《先端》を送る。そして物は、この抽象的な形態論的意味作用を媒介として《はっきりと見えてくる》。かたちが結合するひとつの体系があって、そこでは人間についての暗示しかなされない(19)。つまり、物のかたちが手と《結ばれる》。たとえばエールボルヌ製の肘掛椅子があなたの身体のかたちと《結ばれる》。ひとつのかたちがもうひとつのかたちと結ばれる。伝統的な物である道具は、人間のかたちと結ばれることはなかった。それは人間の努力と行為とに結ばれていた。また、人間の身体は、物質的な仕事のために物に対して与えられてあった。今や人間の身体がここにあるのは、機能する物の完成されたかたちについての抽象的な理由としてのみであるように見える。したがって、機能性はもはや実在する労働が強制するものではなく、ひとつのかたちがもうひとつのかたちに適応すること（ハンドルを手にすること）であり、この適応を通しての労働のプロセスの省略・脱落である。

このようにして、実際的な機能と、人間の行為とから離脱したもろもろのかたちは、相互に相対的になり、またそれらのかたちが《リズムを与える》空間に対して相対的になる。そこに、物の《スタイル》についての今日のわれわれの定義がある。かたちにおいては、メカニズムは潜在的であるか暗示されてあり（いくつかの単純な行為が、そのメカニズムをあらわにすることなしに、その力があることを示しており、物の効果的な実体は読み取れないままになっている）、その完全さ、《着せる》ものであるその《線》でメカニズムを包み、抽象的で結晶したエネルギーを除去しようとするかたちだけが存在している。いくつかの種の動物の進化において見られるように、かたちは甲殻のように物のまわりに外化する。流動し、移行し、包むものであるかたちは、さまざまなメカニズムの不安な非連続性を、整合的な全体の方へと移すことによって外見を統合する。このような機能する雰囲気のなかで、（クローム・琺瑯・プラスチックといった材料によってと同時に）線による連続した囲みが、世界の統一性を回復する。人間の行為は、すでにそういう統一性の均衡を深さの点で確実にしていたのである。このようにしてわれわれは、かたちの絶対主義に向かう。かたちだけが求められ、読まれる。《スタイル》を定義するのは、まさにかたちの機能性である。

象徴次元の終り　事実として、こういうかたちの完成はひとつの本質的な欠如を隠している。かたちは普遍的に移行するものなので、われわれの技術文明は労働という伝統的な行為と結び付いた象徴関係が消えたのを補おうとし、われわれの力の非現実性、象徴的空虚を補おうとする。(20)

というのは、行為による媒介にはひとつの実践次元しかないからである。そして努力に投入されたエネルギーは、単に筋肉と神経のエネルギーだけではない。男根の象徴表現のすべてが、侵入・抵抗・型取り・摩擦などの図式を通して、行為と努力のなかで展開される。リズムのあるあらゆる行為のなかで、性のリズムは典型であり、技術のすべての実践行為は性のリズムによって多元決定されている。〔訳注四〕（G・バシュラールのいくつかの著作と、G・デュランの『想像力の人類学的構造』〔訳注五〕四六頁などを参照した。）伝統的な物・道具は、努力と実行において身体全部を動かすので、性的交換の深いリビドー的充当のいく分かを集めている。（それは別の面でのダンス・儀礼と同じである。(21)）ところがそういうことのすべては、技術の産む物によって気力を失わされ、動員解除されている。労働という行為のなかで昇華され（したがって象徴的に充当され）ていたすべてが、今や抑圧されている。年をとり、その仕事を露呈した古い物の、演劇的・無政府的な増殖の技術集合体のなかにはもはや何も存在しない。生きている男根・腔・鋤・壺は、人間の衝動的力動性を、その《猥褻さ》のなかで象徴的に読めるものにする。(22)今日では制御行為としてミニチュア化され抽象化されたすべての労働行為もまた、猥褻である。機能する物の形式的中立性、予防的な《白さ》、完全さと比べての、残酷と衝動の演劇、古い物の世界。磨かねばならない鉄の把手は消え去り、《くっきりと浮かび上がる》（このことばは、その細さと抽象性を特徴とする）。それはしだいに行為の不在をめざし、究極においてはこのかたちはまったく手を使うものではなくなり、単に取り扱いやすいだけのものになる。かたちは、完成されることによって、おのれの力を考えるばあいの人間を規制するだろう。

力の抽象化　ところで、この技術的な力は、もはや媒介されることができない。それは人間およびその身体と共通の尺度を持たない。したがってこの力は、もはや象徴化されえない。機能するかたちは、この力をコノートすることしかできない。機能するかたちは、それらのかたちの絶対的な整合性（空気力学・取り扱いやすさ・自動性など）のなかで、その力を過度に意味表示する。しかし同時にそれらの力は、われわれをそこから隔てる空虚を定式化するものであり、奇跡的な操作の現代的な儀式のようなものである。それはわれわれの力のしるしであるが、しかし同時に、この力を前にしたわれわれの無責任さを立証するものでもある。最初の機械文明的幸福感のあと、この気難しい技術的満足、物の奇跡を受けたひとたちのところで生まれる個別的な不安、無理強いされた無関心、彼らの力の受動的な様相、おそらくそういったものの理由をここに探さなくてはならないだろう。習慣になっているいくつかの行為が役に立たないこと、身体の操作に基づく日常生活のリズムの切断からは、深い心理・生理的な結果が生ずる。事実、真の革命が日常のレヴェルで生じている。今日、物は物とかかわる人間の行動よりも複雑になっている。物はしだいに分化して行くが、われわれの行為はしだいに分化しなくなっている。このことは次のように言いかえることができる。物は、物が役を演ずる行為の劇にもはや囲まれてはいない。物はその目的性のために、人間は脇役を演ずるか観客になっているところの全体的なプロセスのなかでの俳優のようなものになっているのが現状である。

このことを弁明するために、或る面白い物語を引用しよう。一八世紀に、時計のことにきわめて詳しい手品師がロボットを作った。それは完全なロボットで、動きが非常に柔軟で自然なので、手品師とこのロボットが舞台に登場したとき、観客は両者の区別ができなかった。手品師はそれが見世物であることを示すためには、身ぶりを機械のようにし、その芸の極致においては、自分の芸に手加減を加えなければならなかった。観客が、どっちが《本物》かわからなくなるかもしれなかったからである。観客は人間を機械と思い、機械を人間と思ってもよかったのだ。

ここには、技術に対する運命的な関係の説明のようなものがある。そうでなければ、現代の現実のなかでは、うまく騙されて嬉しがる幸福な公衆の拍手で眼が覚めることはないだろう。技術の道具が非常に完成されているので、伝統的行為の道具よりもすぐれた、《合成された》行為の道具として、完成された精神構造の最高の投影と見える、そのような技術の道具のある社会の説明。さし当たり、人間の行為だけが、或る種の作業によって求められる明確さ・柔軟性を提供できる。しかし、テクネーがそのたえまない進歩によってひとつのミメーシスに到達してはならない、そして自然世界のかわりに理解可能な人工世界を置いてはならないのだと考えることを、何ものも妨げはしない。もしも模造物が非常によく模造されているので、それが現実の有効なコンピューターになるとすれば、人間が模造物に比べて抽象作用になるのではないだろうか。ルイス・マンフォードはすでに次のように述べている。《機械は麻痺しそうな機能を除去する》（『技術と文明』二九六頁）。それはここではもはや機械的な仮説ではなく、体験された現実である。技術が産む物によって与えられた行動は、非連続であり、貧しい行為、記号としての行為の、リズムのない継起である。自分の作った機械の完全さを前にして、おのれを分解し、機械的にしようとするあの物語の手品師が立証していることのいく分かがここにある。人間は、自分の構造的な投影の整合性によって、不整合性へと送り返される。機能する物を前にして、人間は非機能的・非理性的・主観的になり、それによって、機能的神話に対して、また世界の驚くべき効果性と結び付いた幻覚的な投影に対して開かれた、空虚なかたちになる。

機能主義の神話　実際、メカニズムと制御行為のなかに抽象化した、努力の具体的な力学は、抽象化することによって消えたのではなく、機能主義の神話の心的な力学のなかに内面化している。それは、完全に機能的な世界の潜在性の力学であり、技術が産むそれぞれの物がすでにこの世界の指標になっている。抑圧された行為が、神話・投影・超越性になる。われわれがエネルギーの歩みを見失うときから、われわれがこの歩みを物のなかへの侵入として体験するときから、行為と努力の不在（或いは不在に近いもの）から恩恵を得る無責任な者になるときから、われわれは絶対的な、限界のない機能性と、記号の効力とを信ずることを正当化され、強制されてはいないだろうか。記号をもとにして現実について帰納するという古いやり方があり、それは呪術的世界の規則であったが、それがここで復活する。《原始的な呪術の効果感の一部が、進歩に対する無条件の信仰になる》とシモンドンは書いている（op. cit. p. 95）。これは技術社会全体に妥当するし、もっと混乱してはいるが、しかし執拗な仕方で、日常の環境についても妥当する。日常の環境では、最も小さなガジェットでも、力の技術＝神話的領域の場である。物を日常的に使用する世界が、世界の推測のための、ほとんど独裁的な図式を構成している。もはや形式的な参加しか求めない技術の産む物がわれわれに語るのは、努力のない世界、エネルギーの抽象化と全体的な動性、記号としての行為の全体的効果である。(23)

機能的なかたち：ライター　《機能的な》かたちのスタイル化された流体性が立証しているのは、こういうことのすべて、つまり心的なこの力学、失われた象徴関係の模擬物であって、それを機能的なかたちは、記号によってひとつの目的性をふたたび作ろうとしながらコノートする。数年前から広告でよく売れている、丸い小石のかたちのライターがその例である。横長で、楕円形で、非対称的で、《高度に機能的な》かたち。ほかのライターよりもよく点火するというわけではなく、《手のひらにぴったり合う》からである。《海が手のかたちに磨き上げた》のであって、それは完成された状態である。このライターの機能性は、点火することではなく、扱いやすさである。またそのかたちは自然（海）によって、人間の操作のためにいわばあらかじめ運命付けられている。その新しい目的性は、このライターのレトリックである。ここではコノテーションが二重になっている。産業によって作られた物ではあるが、このライターには職人が作った物の性質のひとつが再発見される。そのかたちが、人間の行為と身体とを延長しているのである。また、海への暗示によってわれわれは、人間によって文化的なものにされ、人間の最小の欲求にも対応している、自然そのものの神話にまで到達する。ここで海は、磨く者という文化的な役割を演じている。海は、自然の最良の職人である。[24] このように海から手によって拾われた石、その石から火へと、そのライターは神秘的な火打ち石になる。先史時代的・職人的な目的性のすべてが、産業が作る物の実用的な本質そのもののなかで役割を演じようとしている。

かたちのコノテーション：自動車の翼

長いあいだ、アメリカの自動車には大きな翼のかたちのものがついていて、パッカードは『浪費をつくり出す人々』のなかで（p. 282）、それが消費財についてのアメリカ人の偏執の象徴だと述べている。〔訳注六〕この翼のかたちのものには、ほかの意味もある。それまでの乗物のかたちを脱し、それ固有の機能にしたがって構造化されるや否や、自動車という物がただちにするのは、獲得した結果をコノートすること、それ自体を勝利した機能としてコノートすることにほかならない。このようにしてひとは物の真の勝利感に接する。自動車の翼は空間に対する勝利のしるしになる。それは純粋なしるしである。なぜなら、それはこの勝利といかなる関係もないからである。（むしろこの勝利を危険にさらしている。というのは、翼のかたちのものは自動車を重くし、交通渋滞を増加させるからである。）具体的・技術的な動性は、ここでは絶対的な流動性という意味を十分に持っている。なぜなら、この翼のかたちをしたものは、本当のスピードのしるしではなく、限界のない最高のスピードを意味しているからである。翼は、奇跡的な自動性、恩寵を暗示している。想像力にとって、自動車を動かしているように見えるのは、この翼の存在である。そうすると、自動車は自分の翼で飛んで行く。自動車はすぐれた生物を模倣する。エンジンが実在する動力であるのに対して、翼は想像上の動力である。物が持っている、自律的・先験的な動力のこの喜劇は、ただちに自然による象徴を必要とする。自動車は、構造の要素でもある翼や胴体を変形させる。自動車は、空間の典型としての物である飛行機のしるしを飛行させる。さらに飛行機は、自然に向けて、鮫や鳥などのしるしを飛行させる。

今日では、自然のコノテーションは範囲が変わっている。かつては植物の支配がいたるところにあって、物と、地上の産物のしるしである機械とを見えなくして、それらを自然化していた。[25] 今日では流動性の体系が素描されている。それはもはや静的な要素である大地や花のなかにはそのコノテーションを求めず、流動的な要素である大気と水、動物の力動性のなかに求めている。このような現代の自然性は、有機体的なものから流体的なものへ移っても、自然のコノテーションであることに変わりはない。自動車の翼のような非構造的・非本質的な要素は、技術が産む物を自然にコノートするのがつねである。

したがって、このコノテーションはアレゴリー的にさえなされる。固定した構造が非構造的な要素によって侵されるとき、かたちのディテールが物を侵すとき、実在する機能はアリバイにすぎず、かたちは機能の観念しか意味しない。かたちはアレゴリー的になる。自動車の翼は、われわれの現代的アレゴリーである。われわれにはもはやミューズも花もない。われわれにあるのは、自動車の翼と海によって磨かれたライターである。そして無意識の言説はアレゴリーによって語る。スピードの深い幻覚が表現されるのは、自動車の翼においてである。しかしそれは、暗示的・退行的な仕方によってである。なぜならば、もしもスピードが男根の秩序に属する機能であるとすれば、自動車の翼は、かたちにかかわる、固定した、ほとんど視覚的に消化できるようなスピードしか見させせない。それはもはや能動的な過程の関係項ではなく、スピードの《似姿》の享有の関係項である。それはエネルギーが純粋な記号へと没落する最後の受動的な状態としてである。その状態においては、無意識の欲求が不動の言説を何度も繰り返している。

このように、かたちにかかわるコノテーションは、検閲の強制と等価である。かたちが機能的に完成するとその背後で、伝統的な男根の象徴作用が分裂する。一方ではそれは力の模擬物（隠された、読み取れないメカニズム）のなかに抽象化され、他方ではそれは退行的・ナルシス的になって、かたちの包含とその《機能性》の包含で満足したのである。

かたちのアリバイ　われわれはこのことによって、かたちがどのように語り、この言説が何に向けられるかをもっとよく理解する。これらのかたちは、互いに相対的であり、そのスタイル化のなかでたえず同じかたちになるが、そういうかたちは、完成したひとつの言説、人間と世界の本質の最高度の実現として与えられる。しかしこの言説はけっして無罪ではない。かたちのあいだに作られる分節は、つねに間接的な言説を隠している。ライターのかたちは、《それを磨いた》海を通して手に対して相対的であり、自動車の翼は、飛行機・鳥などを通して、通過した空間に対して相対的である。事実上は、海の観念、飛行機・鳥の観念を通して相対的である。[26] このようにいたるところで自然の観念が、さまざまなかたち（動植物の部分、人体、空間そのもの）をとって、かたちの分節のなかに関係するのが見られる。かたちが体系に構成されることによって、一種の内的な目的性を作る限りにおいて、それらのかたちは自然によってそれ自体をコノートする。そのばあい自然は、あらゆる目的性の理想的な関与物のままである。

機能を果たすことによって終る《俗的な》物には、こういう目的性はない。そういう物のレヴェルでは雰囲気について語ることはできず、環境について語れるだけである。長いあいだひとびとは俗的な物に粗雑な目的性を与えようとしてきた。ミシンに花の絵が描かれたり、コクトーやビュッフェの作品が冷蔵庫を《包んだ》。或いは、そういう物を《自然化》できないので、それらの存在を掩うことで満足していた。自分たちの解放を誇りに思う機械と技術が猥褻なやり方でその実用性を誇示したのは、ほんの僅かなあいだであったが、そのあと現代的な慎しみ深さが事物の実用的機能を隠すことに専念しようとするのはこのためである。

《石油暖房が絶対に見えない設備によって保証される。》

《ガレージは不可欠なものではあるが、庭からであっても目立つものではいけなかった。……だからそれはロカーユの小さい築山の下に隠されてあった。アルプス風の庭園がガレージのコンクリートの屋根の上にかぶさっている。そしてガレージはロカーユのなかに隠された小さな入口によって母屋の内部と通じている。……》

自然化・隠すこと・オーバーラップ・装飾。われわれは、物の生き方の根拠となっている矛盾に対するにせの解決として、かたちが介入してくる場としての物に囲まれている。今日では、不調和な装飾のかわりに、もっと微妙な解決が現れている。しかし、かたちの言説そのもののなかに含まれている自然のコノテーションは、あいかわらず存在している。

この自然化には、道徳的・心理的な関与が自発的に付着している。ここで広告のことばは意味が深い。《熱》《親しさ》《輝き》《誠実》といった感情を表すことばは、いずれも《自然な》価値のレトリックであるが、広告の言説においては、フォルムの計算と《機能的スタイル》とを伴っている。このような《熱》《誠実》《忠実性》はひとつの体系のあいまいさについて多くのことを語っている。この体系では、長いあいだ失われていた伝統的価値を、すでに述べた鳥・空間・海と同じ資格で、記号として見通すことができる。たしかに、《偽善》について語ることはできない。しかし、色・材料・かたちから成る、体系的・同質的・機能的なこの世界、そこでは衝動・欲求・本能の爆発力が、いたるところで、否定はされないものの[27]、非難され、欺かれ、除かれている。この世界はまた、道徳と超道徳の世界ではないだろうか。もしも現代の偽善が、自然の猥褻さを隠すことではないとすれば、それは記号の無害な自然性で満足すること（もしくは満足しようと努めること）である。

（1）　空間を処理することとしての配置もまた、雰囲気の要素になる。
（2）　《派手な》色があなたを見ている。赤い服を着ればあなたは裸体以上であり、内面性のない純粋な物である。特に女性の服装が鮮やかな色を好むのは、女性の物の社会状態と関連がある。
（3）　しかしすでに多くのシリーズの自動車が黒ではなくなっている。葬儀や公式の儀式を除いて、アメリカ文明は実際にはもはや黒を知らない。（結合した価値として黒を再び用いるばあいを除く。）
（4）　後述。
（5）　少なくとも部分的には実現した実体主義の神話は、一六世紀以降、化粧漆喰とバロックの《社交界の》創造神のなかに存在した。それは、既製の材料のなかに世界全体を流し込むという神話である。この実体主義の神話は、われわれが語っている機能主義の神話のいくつかの面のひとつである。それは、自動作用の実体の面と、機能の面が等価であることである。あらゆる機械についての機械が、人間の行為の不足を補い、綜合の世界を作るだろう。しかし、《実体的な》夢はこの神話の最も原初的で最も退行した面である。それは実体を越えた錬金術、機械文明に先行する局面である。

(6) そこに、伝統的な《すべて柏材》と、チーク材との徹底的な差がある。チーク材を本質的に前者から区別しているのは、この木材の生産地でも、エキゾチズムでも、価格でもなく、雰囲気のためにそれを使用するということである。この使用によってチーク材はもはや基本的で濃厚で熱のある自然物質ではなくなって、この熱の単なる文化的記号になる。この記号は他の多くの《高級な》材料と同じように、現代の室内の体系のなかに記号として再投資されている。これは材料としての木材ではなく、要素としての木材である。存在の質ではなく、雰囲気の価値である。

(7) そういう木材が、柏材よりも張り板と組合わせに技術的に適していることはたしかである。またここでは、鮮やかな色においてヴァカンスの概念が演じているのと同じ役割をエキゾチズムが演じていると言わなくてはならない。これは自然的な逃避の神話である。しかし結局のところ、本質的なことは、それらの木材が《第二次的》な木材であるということである。こういう木材は、そのなかに文化的抽象作用を含んでおり、それによって体系の論理に従うことができる。

(8) しかしそれは統合されてはいるが、体系の欠陥を示している。これについては、本書の「周辺の物 古い物」を参照。

(9) ガラスのあいまいさは、住居に使われるばあいから、日毎にその使用が増える飲食のためと包装・陳列のために使われるばあいへと移行させてみるとき、はっきりとわかる。そこでもなお、ガラスにはあらゆる長所がある。ガラスは製品を伝染から守り、視線しか通さない。《十分に包含し、見せる》——それが包装の理想の定義である。どのようなかたちにも作ることができるガラスは 美に対して無限の機会を与えている、やがてそれははしりの野菜や果物を《包み》、ガラスのおかげでそれらの野菜と果物は朝の新鮮さを保つだろう。ガラスはその透明さによって、毎日のビフテキを包むだろう。目に見えず、いたるところに存在しているガラスは、もっと美しくもっと明るい生活の定義に対応するだろう。さらに、その運命がどのようなものであっても、ガラスには匂いがないから、それは屑にはなれない。それは《高貴な》材料である。しかしガラスを使ったあと消費者は 《命令も返却もなしで》それを捨てるようにさせられる。ガラスはその《破壊されない》長所によって購買を飾るが、しかしそれはただちに破壊されなくてはならない。そこに矛盾があるだろうか。矛盾はない。ガラスはいつでも、雰囲気の要素という役割を演じている。しかしこの雰囲気は、ここではその明確な経済的意味を持っている。それは、包装・陳列である。ガラスは売ることに役立ち、機能的である。しかしガラスもまた、加速されたリズムで消費されなくてはならない。ガラスの心理的機能性（ガラスの透明性・純粋性）は、その経済的機能性のなかに捉えられ、没入している。崇高なものが、購買の動機として働いている。

(10) 現代的な考え方による性それ自体が、こういうタイプの関係と結び付く。情熱的・本能的な官能性とは異なり、性はホットでクールである。それによって性は情熱にはならず、雰囲気の純粋で単純な価値になる。しかしまたこれによって性は、流出してなくなってしまうことなく、ディスクールになる。

(11) 体験されるすべての体系においてと同じく、物の体系においては、大きな構造上の対立は実際にはこれとは別のものである。体系のレヴェルでの構造上の対立は、ひとつの葛藤の整合的な合理化になりうる。

(12) ひとびとが食事をするテーブルの前で、椅子だけが直線的で、農民のコノテーションを持っている。しかしそこには、反射的な文化のプロセスがある。

(13) 或いは、まったく単純に受動的である。なぜなら、家具の広告においては、配列をするという積極的な命令が徐々になくなって、くつろぐためという受動的な暗示が優勢になっていることを忘れてはならないからである。ここでも、雰囲気はあいまいである。それは能動的で受動的な概念である。機能する人間は初めから疲れている。そして何百万もの皮製もしくはダンロピロ〔合成皮革の一種〕の椅子——それらはすべて互いにもっと深く、雰囲気とリラックスという現代的な長所を持つものとして、デラックスな雑誌のページを埋めている——は、未来の文明による緊張の解消、第七の日のおだやかな幸福への、大きな招待のようなものである。遠くにあると同時にモデルのなかに内在しているこの文明のすべてのイデオロギーは、古代の田園詩と同じように牧歌調である現代性のいくつかのイメージのなかにある。そこでは、居住者はソファーに深く腰をおろして、雰囲気を眺めている。現代の居住者は、自分の情熱・機能・矛盾を解決し、いくつかの関係と、物の体系のなかにその構造が見出されるような関係のひとつの体系しか持っていず、自分のまわりに空間を誕生させせ　自分が社会の全体に統合されるように、部屋の全体へともろもろの要素を統合する多様な可能性を創造し、このようにして、衝動や第一次機能から成る罪のないひとつの世界、しかし計算と社会的威信という社会的コノテーションで重くなっている世界、そういう世界を再建することによって、この努力の果てに疲れ切ってしまった彼は、彼の身体のさまざまなかたちを結合させているソファーに腰を深くおとして、彼の倦怠感を揺さぶっているだろう。

(14) 一八世紀スペイン風の古いベッドのような、猥褻性が含まれる文化的コノテーションのもとでそれを再導入するばあいを除く。(この問題については、本書の「周辺の物　古い物」の章を見よ。)

(15) もっと正確に言うならば、努力の行為は、単に制御の行為へと和らげられているだけではない。それは制御の行為と運動の行為に分離している。身体は、現代の実践が忘れてはいるが、その束縛からは自由になっている。そういう身体は、スポーツとレジャーへの身体的活動のなかに、表現の真の可能性、少なくとも支出を補う可能性を見出している。(実際、努力の行為の二重化が、身体の真の自由を作るのかどうか、或いは単に二つの関係項から成る体系をその代わりに置くのかどうかが問題とされえよう。この二つの関係項のうち、後者は遊び・スポーツであるが、第一の関係項を補うものにほかならない。同じプロセスは、活動的な時間とレジャーの時間という、時間の二重化のばあいにも存在する。)

(16) 火を例に考えてみよう。暖炉は最初は、暖房・料理・照明を結合した機能を持っている。暖炉が象徴的な複合性を持つのは、この資格においてである。やがて、すでにひとつの道具であったかまどが、暖房と料理の機能を統合する。かまどもまだひとつの象徴的存在である。その後、すべての機能が分析的に分離され、専門化した道具へと分散した。こういう専門化した道具を綜合するのは、もはや《暖炉》という具体的な綜合ではなく、それらの道具を動かすエネルギー(ガス・電気)の綜合という抽象的な綜合である。別の秩序を機能的に切断することに基づく、この新しい雰囲気の象徴次元は零である。

(17) 腕時計・トランジスターラジオ・カメラなど、ミニチュア化された物の魅力はここに由来する。

(18) こういうミニチュア化の傾向は、延長・膨張・空間化の文明においては逆説的に見えるかもしれない。しかし事実としては、この傾向はそういう文明の理想的な到達とひとつの矛盾とをあらわにしている。なぜなら、この技術文明は都市の束縛と空間の欠乏の文明でもあるからである。(単に構造的であるだけではなく)絶対的な日常の必要性によって、《コンパクトな》文明が徐々に発達する。レーザー・計算機・ミクロの技術と、小型自動車・多機能のガジェット・《入念に作られた》アパート・トランジスターラジオとのあいだには、たしかに関係があるが、この関係はかならずしも構造的または論理的ではない。ミニチュア化の技術を導く最大の機構の原理は、それに併行した機能として、日常のレヴェルで、空間の慢性化した欠乏を(解決せずに)隠すという機能を持っている。この二つは、構造的に結合されているのではなく、単に同じ体系の枠のなかに包含されているにすぎない。また、二つのあいだにはさまれた日常の技術が産む物は、技術の進歩(ミニチュア化)と実用的体系の凋落(空間の欠乏)のどちらに対応していいのか正確にはわからない。(われわれはさらに、《技術の具体化》――構造的な技術革新と、体験される体系を支配する、欠乏による束縛との対立関係を研究する。)

(19) 同様に、雰囲気の領域では、それは自然についての暗示しかなされなかった。

(20) 努力や伝統的な行為を詩的なものにすることはできない。数世紀にわたって、人間は自分の力で道具の欠点を補ってきたこと、奴隷や農奴に続いて、農民・職人も、石器時代から直接に伝えられてきた物をまだ手にしていたことを考えるとき、エネルギー源の抽象化と、結局は隷属の行為にほかならなかった行為がすたれたことに敬意を表することしかできない。今日では、《魂のない機械性》（たとえそれが電動マッシャーのレヴェルにおいてであっても）によって、毎日の長い努力が消尽されてしまうことによって　生産物と行為の厳密な均衡をついに乗り越えることと、人間の行為の過剰生産物を作ることが可能になる。しかし、別の面での結果も同様に大きなものである。

(21) 同様に、行為を通して、ピアジェが父と母の《感情シェーマ》と呼ぶもの、原初的な人間環境への子どもの関係が、物に統合される。父・母自身が子どもに対して、二次的な道具に囲まれた道具として現れる。

(22) 子どもたちが描く、門と窓のある古典的な母性的な家は、そういう門や窓（人間の顔）と母の身体とを同時に象徴的に表現している。行為の消滅と同様に、階段・屋根裏部屋・地下室のある平家ではないこの伝統的な家の消滅は、まず第一に認識の象徴次元の挫折を示している。われわれが現代的な秩序によって欺かれるのは、深い黙契、われわれ自身の身体の無意識の知覚によってである。われわれはそこでは、われわれ自身の器官に関しても、身体組織に関しても、たいしたものは見出さない。

(23) この神話体系を、進歩のイデオロギーと区別しなくてはならない。進歩のイデオロギーは、どれほど抽象的でも、構造についての仮説のままであり、技術革新を基礎にしている。これに対して、機能主義の神話は、記号への信仰に基づく技術の全体性という単純な推測である。前者は（一八・一九世紀における）社会・文化的な媒介であり、後者は幻覚的な予測である。

(24) 《自然な》神話体系は、最もしばしば、先行する文化体系とのかかわりに依拠している。この文化体系は、神話全体への退行の過程のなかでの、擬＝歴史的な交替である。そこで、産業期以前の職人制度の神話体系には、《機能的な》自然の神話が含まれ、また逆も成立する。

(25) この曲線だけにも、植物的なものと母性的なもののコノテーションがいく分か含まれている。この曲線は物に対して、包含あるいは自然の進化という有機的価値を与える傾向がある。またそれらの曲線は、消滅するか一部が欠けたものになる。

(26) 実際、空間もまた空虚のコノテーションを持っている。空虚はもろもろのかたちの生きた相互関係（《リズムのある》空間）から生まれるのではなく、もろもろのかたちが、空虚もしくは空間の形式化された記号を通して相互に相対化される。空間のある部屋には、自然の効果がある。《それは呼吸している。》そこから空虚への誘惑が生まれる。何もない壁は、文化と安楽を意味するだろう。或る骨董品のまわりを空虚にすることによって、その価値が高まるだろう。《雰囲気》

は形式上の配置にすぎないばあいがしばしばあって、そこでは計算された空虚が或る物を《人間化》している。逆に、シリーズにおいては、空間の欠乏は、物からこの贅沢な呼吸を奪うことによって、雰囲気を破壊する。おそらく、この空虚の配分のなかに、分離とへだたりというモラルの反映を読み取るべきであろう。したがってそこにもまた、充足した実体という伝統的なコノテーションの逆転がある。伝統的なコノテーションにおいては、価値は蓄積と素朴な印象のなかに存在していたのである。

(27) 本能の道徳的な拒否もまた、本能的な混乱を示しているが、ここではもはや混乱はない。あらゆるかたちでの自然は、記号表示されていると同時に否認されている。

III　結論　自然性と機能性

雰囲気の価値の分析を終らせるに当って、私はこの体系全体が**機能性**の概念に基づいていることを観察しよう。色・かたち・材料・配置・空間、それらのすべてが機能的である。すべての政治体制が民主的であることを望むように、すべての物は機能的であることを望む。ところが、現代性のあらゆる威信を包んでいるこの機能性ということばは、まったくあいまいである。《機能》に由来するこの用語は、物が現実世界と人間の要求との明確な関係のなかで完成することを示唆している。事実、これまでのいくつかの分析の結果、次のように考えられる。すなわち、《機能的》ということばは、ひとつの目的に適合するものを形容するのではなく、ひとつの秩序もしくは体系に適合するものを形容する。機能性とは、ひとつの集合体に統合される能力である。物にとってそれは、まさしくその《機能》を越えて、第二次機能へと向かうこと、記号の普遍的体系のなかでの、運動・結合・計算の要素になる可能性である。

したがって、機能する体系の特徴は、つねに同時に、そしてまったくあいまいだが、次のようになる。

(1)物の第一次機能、第一次的な衝動と要求、それにこの両者のあいだの象徴関係という三つの局面で、伝統的な体系を越えること。

(2)伝統的な体系のこの三つの連帯した局面を同時に否認すること。

換言すれば次のようになる。

(1)物の機能体系の整合性は、物（および色・かたちなど、物のさまざまな局面）がそこではもはやそれ固有の価値を持たず、記号の普遍的機能を持っているからである。自然の秩序（第一次機能・衝動・象徴関係）はそのいたるところに存在しているが、記号としてのみ存在している。物の物質性は、そこではもはや要求の物質性と直接つながってはいない。不整合で、第一次的で、対立するこの二つの体系には、両者のあいだに操作可能な記号の抽象的体系である機能性が介入することによる欠落がある。それと同時に象徴関係は消え去る。記号を通して見えるのは、たえず支配され、構築された、抽象的な自然である。それは時間と不安から救われ、記号の力によってたえず文化へと移行する自然、体系化された自然、自然性（或いはお望みならば文化性）[1]である。したがってこの自然性は、あらゆる機能性の系である。それは《雰囲気》の体系の現代的コノテーションである。

(2)（先行するいかなる文化においてより、はるかに整合的・包括的な仕方での）[2]自然のたえず乗り越えられていく存在は、この体系に文化モデルの価値と、客観的な力動性とを与える。

しかし、自然のたえず欺かれた存在は、この体系を否認・欠如・アリバイの体系にする。（この体系もまた、それに先行するいかなる体系よりも整合的である。）

組織と計算、コノテーションと否認、それは記号のただひとつで同じ機能であり、機能する世界のただひとつで同じ現実である。

(1) 実際には、文化と自然はここではもはや形式的に対立しているだけであって、記号のレヴェルでは相互に交換される。《自然性》と《文化性》という二つの概念について重要なのは《……性》という接尾辞である。この接尾辞はどこでも見出され、再発見される。たとえば、目的・目的性、機能・機能性、歴史・歴史性、人間・人間性(人間化)などである。それはいたるところで記号のレヴェルでの抽象的な意味、第二次的意味への移行を示し、それによって、すべての体系的なものの分析、コノテーションの構造分析において非常に重要になる。

(2) なぜなら、文化はそれ以外のものではなかったからである。しかし今日、初めてわれわれは日常のレヴェルで、その抽象作用のなかで物のあらゆる規定を引き受けることができ、したがって内的な自律についてははるかに進むことができ、人間と雰囲気を記号と単純な要素に還元することによって、両者のあいだの完全な同時性にさえ到達できる(そこにその目的性がある)、ひとつの体系の前提を所有する。

付論　家庭の世界と自動車

私が行なってきた分析は、本質的には家庭の環境、家の枠のなかにある。実際、われわれの日常の物のほぼ全部を再びまとめているのは、住居という私的な領域である。しかし、この体系は家の内部で終るのではない。この体系は、それだけで体系のひとつの次元を構成している、自動車という外にある要素を含んでいる。

実用的なあらゆる目的を、スピードと社会的威信に抽象化すること、かたちのコノテーション、技術のコノテーション、強制された多様化、熱情的な充当、幻覚的な投影といった、分析のすべての面を要約している点で、自動車は特別の物である。他のいかなる物よりも、自動車においては、必要という主観的な体系と、生産という客観的な体系との結合がある。この側面は別のところで分析されるだろう。私はここでは、体系全体のなかでの自動車の位置について強調しておきたい。

自動車は他のすべての物を補足する。この物全体のそれぞれが、自動車に対して部分的であるように見える。それは単に自動車の方が複雑でないからだけではなく、特別な位置の体系のなかで自動車だけが独占的な位置を占めていないからでもある。全体のなかでの、配置／雰囲気という大きな対立関係によって構造化された家庭の領域（家具・道具など）だけが、その相対的な整合性という点で、自動車と等しい位置的価値を持っている。たしかに、体験されたものの面では、家庭の領域は、その仕事・機能・多様な関係があるので、自動車の運転の《領域》よりもはるかにまさっている。しかし、体系の面では、家庭の領域は今日ではもはや全体的な体系の両極のひとつにすぎないこと――他の極が自動車にほかならない――を認めなくてはならない。

家の室内の潜在的な対立関係と意味作用とを要約している自動車は、室内に対して、力の次元、そこには欠けている超越性を付加する。ただしこの体系そのものを問題にすることはない。私的な日常性は、自動車によって世界のもろもろの次元を把握するが、そのために日常性でなくなることはない。このようにして、この体系はおのれを超克することなしに、効果的に自己充足する。

別の場所へ行くのは必要なことであり、スピードは快楽である。自動車を所有することにはそれ以上のものがある。つまりそれは一種の市民証である。運転免許証はこの動く貴族の信用状である。この貴族階級の住むところが自動車の車内であり、最高速度である。免許の取り消しは、今日では一種の破門、社会的去勢ではないだろうか(1)。

ケンタウロスの神話は、人間の知性と動物の力の融合を語っているが(2)、自動車がこの古い神話の現代版だと考えるのは行きすぎだとしても、それがひとつの崇高なものであることは認められよう。いわば自動車は、他のあらゆる物の日常性に対する絶対の括弧を開く。自動車が変形する素材である空間＝時間は、他のいかなる素材とも比べられない。そしてスピードによって自動車がこの素材に与える動的な統合もまた、いかなる種類の習慣的機能とも徹底的に異なっている。動くことだけでも或る種の幸福感が与えられるが、スピードという機械文明的な幸福感はこれとは別である。それは想像のなかでの移動の奇跡を根拠にしている。努力しないで動くことが、一種の非現実的な幸福、存在と無責任とのサスペンスを構成する。スピードは、空間と時間を統合することによって、世界を二つの次元へ、ひとつのイメージへと導く効果がある。スピードはその特徴と変化を捨てて、何らかの意味で崇高な不動性、ひとつの観照に戻る。シェリングは、《運動は休息の追求にほかならない》と言った。時速一〇〇キロメートルのかなたには、永遠が(そしておそらく神経症も)あると推測されている。世界の向こう側またはこちら側のこの安全性が、いかなる積極的な緊張もない自動車の幸福の養分である。それは受動的な満足感であるが、その装飾はたえず変化している。

この《力動的な幸福感》は、家族の与える静的で動かない満足感に対するアンチテーゼとして、また社会的現実に対する括弧の役割を演じている。『美しい五月』〔訳注七〕には、自動車が労働の場と家族の住む家とのあいだの中間地帯、単なる移動という空虚なベクトルになっている何百万人のひとたちのなかのひとりの男の告白がある。《私にとって楽しい時は、家と事務所のあいだの往復の時間だけです。私は車で走り続けます。》或いはまた、《今日はもう幸福ではありません。車が多すぎます。》このように自動車は、裏と表のある日常性のなかでは、家との対立以上のことをしている。自動車は、例外的なひとつの住居である。それは、閉じられた親しさの領域であるが、親しさの習慣的な束縛からは解放されており、かたちにかかわる大きな自由、非常な機能性を持っている。暖炉の親しさは、家族関係と習慣へと退行する親しさである。自動車が持っている親しさは、時間と空間によって加速度を与えられた新陳代謝の親しさである。それは同時に、いつも事故が起こりうる場であって、そこではひとつの偶然のなかには実現されることがないばあいがあるチャンス、しかしいつも想像されているチャンス、つねに無意識的に想起されているチャンスが頂点に達する。それは、それ自体とのこの親しさ、死において最も美しい、かたちの自由である。自分の家にいることと、しだいにそこから遠ざかるということとの異様な妥協が実現される。このようにして、自動車は新しい主体性の中心である。ただしそれには円周がなく、家庭世界の主体性に円周があるのと対照的である。

日常生活で使われるいかなる物もガジェットも道具も、自動車のような昇華・変形を示さない。それぞれの機能する物には、力のひとつの多元決定が含まれているが、それは家庭生活・家具の領域では最小である。また家全体も、社会的威信と世俗性を示すものとなって行くばあいを除き、価値を増大させる領域ではない。（夫婦にとっての本質的な問題のひとつは、まさにこの相互の価値評価がしばしば失敗することである。）家庭生活の日常性という《水平的な》部分に比べて、自動車とスピードは一種の《垂直的な》シェーマ、第三次元を表している。(3) それは高貴な次元である。なぜならそれは生活のための有機体的束縛からも、社会的束縛からも脱しているからである。もしも家庭生活が社会の内側に閉じこもるように見えるとすれば、自動車は、空間・時間の支配とだけ結合しているその機能性において、社会の外側へとその社会的威信を展開させているように見える。事実、社会領域に対して、暖炉と自動車は同じ私的な抽象作用を共有している。暖炉と自動車という二項は、労働・レジャーという二項に基づいて結合されており、それによって日常性の全体が構成される。

このような体系の両極性（暖炉とは中心が異なっているが、しかし暖炉を補うものである自動車）は、性による役割の社会学的区別と一致する。自動車はしばしば男性の所有物である。《パパにはパパのプジョーを、ママにはママのいくつかのプジョーを》と或る広告は語っている。男性には自動車、女性には攪拌機・コーヒー挽き・電気レンジなどということになる。[4] 家族の世界は、食物と、多様な機能を持った道具との世界である。男性は、自動車という効果的な記号を持つ世界を、外で支配している。男性はあるがままには受け取られない。したがってここでは、同じ対立関係が、物と役割という二つの面で存在している。（ここでも、同じプジョーの世界の枠のなかで意味作用がなされる。）

おそらくこの結合は偶然ではない。実際、この結合は深い心理＝性的な決定とからんでいる。

私はすでにスピードがどのようにして超越であると同時に親しさであるかについて述べた。実在する世界の抽象的記号としての空間を支配すること、そこでの力の行使は、ナルシス的な投影である。自動車またはスピードの《エロチックな》価値について考えよう。直接的な責任と、社会的タブーを同時に除去することによって、自動車の可動性は、自己の他者に対する抵抗の体系のすべてを破壊する。緊張感・巧みな運転・心酔・大胆などのすべてのことは、自動車の持つ状況の無償性によるものである。他方、この無償性は、同じ男根的な物（自動車）または客観化された男根的機能（スピード）のなかへと二重のナルシス的投影を介入させることによって、エロチックな関係に味方する。したがって、自動車のエロチシズムは、積極的な性的接近のエロチシズムではなく、当事者おのおののナルシス的な誘惑と、同じ物のナルシス的交流との受動的なエロチシズムである。[5] ここではエロチックな価値は自瀆において（現実にある、または心的な）イメージが演じているのと同じ役割を演じている。

この意味で、自動車のなかに女性的な物を見るのはまちがいである。[6] 《しなやかで、気品があり、快適で、実用的で、従順で、情熱的で、などなど》と、あらゆる広告が自動車について語るとすれば、それは広告の世界では物を一般的に女性化するからである。そのばあい、女性としての物は、説得のためのシェーマ、最も効果的な社会的神話である。自動車を含むすべての物は、買われるために女性になる。そこに文化体系の効果がある。自動車のレヴェルでの深い幻想化は、別の領域に属している。自動車について語られることばとその特徴によれば（レース用のスパイダーから、柔かな線のリムジンにいたるまで）、自動車は力の充当と同様、避難所としての充当にも依存している。それは自動車が弾丸であるか住居であるかによる。しかし結局は、すべての機械的な機能する物と同じく、自動車は男・女・子どもなどすべてのひとたちによって、まず第一に操作・配慮・魅惑の対象である男根として体験される。自動車は、男根的であると同時にナルシス的な投影であり、おのれ自身の姿によって驚く力である。私は自動車に付けられた翼に関して、どのようにかたちそれ自体がこの無意識の言説をコノートしているかを分析したのである。

（1） 時折りそれは娼婦のひもに対する制裁として用いられる。
（2） ケンタウロスの神話、馬と自動車における投影の幻想に関しては、本書の「周辺の体系——収集」の章を参照せよ。
（3） 自動車の安全装置（安全ベルトなど）の使用を、平均的な運転者が嫌うのはこのためである。《自分の家にいる》のが安全なのはたしかである。しかしこの意味では自動車はまさに家とは別のものか、反対のものである。

（4） 表されているものにおいてではないにせよ、少なくとも事実としては、男性と自動車、女性と家という結合関係を認めなくてはならない。

（5） 物または物の体系を通してのこのナルシス的な結合関係は、夫婦に関してであるが、最近ジョルジュ・ペレックがその小説『物』（*Les Choses*, Lettres Nouvelles, 1965）のなかでいく分か描いている。おそらくそこに、共同生活のひとつの現代的側面がある。今日では、すべてのものが物を関係の養分とし、（性・夫婦・家族・マイクロ社会の）関係を物の消費の枠にしようとしている。

（6） 自動車を男性名詞とする言語もあり、女性名詞にする言語もある。

B

非機能的な体系または主観的言説

I　周辺の物　古い物

物のひとつのカテゴリー全体が、私が分析した体系に入らないように思われる。そのカテゴリーに属する物とは、特異な、バロック的、フォークロア的、エキゾチックな、古い物である。それらの物は、証言・記憶・ノスタルジー・逃避といった、別の系列の期待に対応する機能的計算の要求とは矛盾しているように思われる。そこに、伝統的・象徴的秩序の残りを見たい気になるかもしれない。しかしそれらの物も、それぞれすべて異なっていて、現代性の一部になっており、それによって二重の意味を持っている。

古い物の環境としての価値――歴史性

実際、それらの物は体系のなかのひとつの偶然的なものではない。現代的な物の機能性は、古い物の歴史性（またはバロック的な物の周辺性、原始的な物の異国性）になるが、そのことによって記号の体系的機能の行使をやめることはない。それは《自然の》コノテーション、結局は以前の文化体系の記号のなかで頂点に達する《自然性》である。私が記述したライターは、海への関与によって、すでに神話的だったが、そのライターはまだ〔火を付けるという〕ほかのことに役立っていた。古い物は、過去へのその関与によって純粋に神話的である。それにはもはや実用の役割はなく、単に意味作用をしているだけである。それは非構造的で、構造を否定し、第一次機能の否認の限界点である。しかしそれは非機能的ではなく、また単に《装飾的》でもない。それは体系の枠のなかでかなり特殊な機能を持っている。つまり、それは時間を意味している。[1]

雰囲気の体系は拡がりのなかにある。しかしもしもそれが全体的であることを望むならば、それはすべての存在、したがってまた時間の基本的次元をも回復しなくてはならない。たしかにそれは実在する時間ではなく、[2] 時間の文化的記号、文化的指標であって、それが古い物のなかに再把握されているのである。したがって、そのような記号・指標のアレゴリー的な存在は、一般的な機構と矛盾するものではない。自然と時間のいずれもそこから脱れはせず、すべては記号として完成される。しかし、自然が容易に抽象化・体系化されるのに反して、時間はそうではない。時間にある生きた矛盾は、体系の論理のなかにうまく統合されない。古い物の見せ物的コノテーションのなかに私が読み取るのは、この《慢性化した》欠陥である。自然的なコノテーションは微妙なものになれるが、《歴史的な》コノテーションはいつも明白である。古い物はつねにつづれ織になるように見える。どれほどそれが美しくても、それは《中心をはずれて》いる。どれほどそれが真正のものであっても、それはいつも何らかの点でにせ物の感じがする。そしてその理由がまったく真正ではなく、計算された関係と記号の抽象化であるような体系のなかで真正のものとして与えられる限りにおいて、古い物はにせ物である。

したがって、古い物の特別なひとつの状態がある。古い物が雰囲気のなかで時間を忌避するためにある限り、記号として体験される限りにおいて、それは他のいかなる要素からも区別されず、他のすべての要素に対して相対的である。[3] 反対に、古い物が他の物に対して最小限の相対性しか示さず、全体性として、真正の存在として与えられる限りにおいて、それは特殊な心理状態を持っている。古い物は別の仕方で体験される。古い物が何にも役立たないのに、何かに対しては非常に役立っているのはここにおいてである。古いもの、古い家具、真正の物、《スタイルのある》物、田舎風の物、職人が作った物、手作りの物、土地の陶器、フォークロアなどへと向かう執拗な動機付けはどこから生ずるのか。文明人を、時間においても空間においても、彼ら自身の文化体系から外れた記号の方へ、つねに古い記号の方へと導いて行く、この文化変容 (acculturation) の現象はどこから来たのか。この現象は、《未開発のひとたち》を、産業社会の生産物と技術的記号へと導く現象とは逆の現象である。

古い物が応じている要求は、[4] 決定的な存在、完成された存在を求める要求である。神話的な物が持っている時制は完了形である。それはかつて起こったように現在生じていることであり、まさにそのことによって、それ自体の上に《真正な》ものとして基礎付けられている。古い物はつねに、強い意味での《家族の肖像》である。それはひとつの物という具体的なかたちをとって、以前にあった存在の記憶が不滅になることであり、想像世界のなかでの、時間の省略と同じ価値を持つプロセスである。それは、機能する物には明らかに欠けていることである。機能する物は、現実にしか存在しない物、直説法や実践の命令法でしか存在しない物、実際には存在しないまま使用されて終ってしまう物、そしてたとえ空間のなかで多かれ少なかれ環境を確実にするとしても、時間のなかでは環境を確実にしない物である。機能する物は効果を持ち、神話的な物は完成されている。神話的な物が意味表示しているこの完成されたできごとは誕生である。私は実際に存在している者とは異なり、それが不安である。私はかつて存在した者である。それはさかさまの誕生の糸によっており、物は私にとってこのさかさまの誕生の記号であって、この記号が現在から時間のなかへと沈む。つまり退行している。(5) このようにして、古い物は起源の神話として与えられる。

《真正性》

私にできるのは、古い物への趣味と、収集の情熱との比較だけである。(6) この二つには、ナルシス的な退行、時間の除去の体系、誕生と死を想像のなかで支配すること、この三つの点で深い親近性がある。しかし、古い物の神話のなかでは、起源へのノスタルジーと、真正なものへの偏執という二つの面を区別しなくてはならない。私にはこの二面は、誕生を神話的に想起することに由来しているように思われる。この想起は、古い物が時間のかこみのなかで作り上げているものであって、父と母がいたという事実を含む誕生の想起である。起源への遡行は、明らかに母への退行である。物が古ければ古いほど、それはわれわれを古い時代、《神性》・自然・原始的認識などに近付ける。モーリス・レームによれば、この種の神秘はすでに中世初期に存在していた。異教の記号に掩われたギリシャのブロンズ像もしくは凹彫は、九世紀のキリスト教徒たちの眼には呪術の力があるように見えた。厳密に言うと、作品の起源、制作の時期、作者・署名などの確実性への偏執となって現れる、真正性への要求は別の問題である。或る物が著名な有力者の所属であったという単純な事実が、その物に価値を与える。職人仕事による物の魅力は、或るひとの手に依存したということに由来する。そのひとの作業が、まだその物に残っているのである。それは、創られた物の魅力である。（そしてそのためにその物はユニークである。なぜなら、創造の瞬間は不可逆だからである。）実在する特徴から署名にいたる、創造の跡の探求は、系統と父親的な優秀性の探求でもある。真正性はつねに父に由来する。父は価値の源泉である。また、想像力に対して古い物が、母の胸への遡行と同時に惹起するのは、この最高の親子関係である。

新文化の症候群——復古運動

したがって、真正性（それ自体を基礎とすること）へのこの探求は、まさにひとつのアリバイ（別の場所にあること）の探求にほかならない。私はこの二つの概念を、《廃屋の改築法》という、今日よく知られているノスタルジー的な復古運動を例にして説明しよう。

イール・ド・フランスにある古い農家を、或る建築家が自分の考えによってどのように改築したか、以下の記述はその説明である。《基礎工事の欠陥で腐っていた壁は取り壊された。南側の切妻の上にある、素朴なかたちの納屋の部分は除かれて、テラスの場所が確保された。……三つの大きな壁は、当然作り直された。防水は、地面すれすれのところにある、タールを塗った敷石の下の七〇センチの空間によって確保された。……古い建物には階段も煙突もなかった。……〔改造にあたって〕マルセーユの化粧板、クラマールの敷石、ブルゴーニュの瓦が用いられ、庭にはガレージが作られ、大きなフランス窓が設けられた。……台所も浴室も、一〇〇パーセント現代的になった。……》しかし、《良好な状態にある間柱は、新しい建物でもそのまま用いられた。》しかし、《入口のドアの石の枠は、家を壊すときに注意して取って置かれ、瓦と石はもう一度使われた》(「メゾン・フランセーズ」一九六三年五月号)。実際、《その建築家の聴診と、断定的な選択》のあと、この古い農家の残された部分が写真で示されている。それは三本の梁と二個の石である。しかしこの石の上に私は別荘を建てるのだ。始まりを象徴する、正面入口のこれらの石の上に、建物すべての価値がある。現代的な設備をふやしたいという罪のない意図のなかで、現代的なものが自然と共存しようとするあらゆる妥協は罪なのだが、それらの石は建物全体からこの罪を免じている。農家の主人になったこの建築家は、結局は欲しがっていた現代的な家を建てたのである。しかし現代性は、この家に価値を与え、それを《住居》とするのには足りない。そのほかに存在が必要である。教会が本当に聖なるものになるのは、そこに聖骨・聖遺物を納めるばあいだけであるのと同じく、建築家がくつろぎを感じるのは(くつろぎというのは強い意味で言っているのであって、彼は不安のようなものを本当に追い払うことはないだろう)、新しい壁に囲まれて、過去の何世代かを見てきたひとつの石という、微小ではあるが崇高な存在を感知できるばあいだけである。それらの石がなければ、石油暖房や(アルプス風の庭の下にある)ガレージは、快適な生活のための悲しむべき必需品という、ただの石油暖房・ガレージにすぎなくなるだろう。機能的な設備は、これらの石の真正性によってだけではなく、また或る程度は、第二次的な装飾の文化的エキゾチシズムによっても無罪を証明されている。（この第二次的な装飾は、《きわめて趣味の良いもので、けっして田舎風ではない》ものである）――それは乳白ガラスのランプ、室内装飾家によるわらの入った肘掛け椅子、《以前はロバの脇腹に掛けられてあった》ダルマチア製の肘掛け椅子、ロマンチックな鏡などである。文化的な悪意の奸計は、奇妙なパラドックスにさえ到達する。ガレージがにせのアルプス風庭園の下に隠されているのに対して、田舎風のアクセサリーであるバシンワール〔長い柄のついた湯たんぽ〕は、《装飾のためにではなく、使うためにある》と言われる。《それは冬に使われるのだ！》ガレージのばあい、実用のための物質性は隠されるが、バシンワールのばあいは、軽わざのような芸当によって、実用のための本質が回復される。なぜなら、石油暖房を使っている家では、バシンワールは役に立たないからである。しかしその時にバシンワールは真実なものではなくなり、単なる文化記号になる。そして存在の根拠のないこの文化的なバシンワールは、自然の状態を回復する試みとしての家のあらゆる虚栄をあまりにも忠実に映した像になっている。それはこの建築家自身のあまりにも忠実な像である。彼は基本的にはここでは何もすることがなく、彼の実在する社会的実存のすべては別のところにあり、彼の存在は別のところにあり、また彼にとって自然は文化的な贅沢にすぎない。このバシンワールを使うことができればそれは正常なことだが、建築家はそのことを了解しない。もしもこのバシンワールが何の役にも立たないとすれば、それは富裕であることの記号にほかならず、所有と社会的威信の領域に属していて、存在の領域には属していない。したがってバシンワールは何かに役立つと言えるだろう。一方、石油ストーブやガレージのような本当に役に立つものは、この自然のなかでの消すことのできない汚点として、注意深くカムフラージュされている。したがってバシンワールはまさに神話的であり、また家全体も神話的である。（もっとも、家が神話的であるのは、完全に実在的・機能的な別の面においてである。なぜなら家は、快適な生活と新鮮な空気という明確な要求に対応しているからである。）快適さを求めるために、古い建物を壊して新しく建てることはせず、建築家が石と梁を残そうとしたのは、別荘の洗練された、欠点のない機能性が彼には真正のものとは感じられなかったからである。そういう機能性は彼を十分に満足させはしなかった。

人間は、機能的な環境のなかでは《くつろぎ》を感じない。彼は、教会を聖なるものにするヴレクロワの森の輝きのようなもの、魔除けのようなもの、絶対的で、現実のまんなかにあり、現実を正当化するために現実のなかにはめ込まれた、現実の細部のようなものを必要としている。それが古い物であって、それはまわりの環境のなかで、いつでも胚芽、母の細胞の価値を保有している。この古い物を通して、分散した存在は、胚芽という最初にあって理想的な状態と一致し、誕生以前の、存在の小宇宙的・中心的な状況へと遡行する。したがって、フェティシュ化したこれらの物は、アクセサリーではなく、文化記号の一種でもない。それらの物は、内的な超越、実在の心の幻像を象徴化している。あらゆる神話的意識、あらゆる個人的意識はこの幻像を体験している。――それは、自我と等価で、そのまわりに世界の残りの部分が構成されるような、細部の投影の幻像である。それは崇高な幻像であり、つねに実在のこちら側（sub limina）に到達するものである。その機能が幻像によって俗化される聖遺物のように、[7] 古い物は配置をする仕方で世界を再構成する。これは拡がりのなかにある機能的な構成とは対立しており、こういう構成に対抗して、心の底にある、深い、おそらくは本質的な非現実性を維持しようとする。神話的な物は、閉じられた環と、完成された時間とのなかでの価値の存在の図式を象徴的に表現するものであって、もはや他者に対する言説ではなく、それ自体に対する言説である。島々でありまた伝説であるそれらの物は、時間の限界のなかで、はるかに遠い昔ではないにせよ、その幼年期へと人間を送り返す。それは誕生に先立つ時であって、そこでは純粋な主観性が雰囲気のなかで自由に隠喩化し、また雰囲気がそれ自体に対する存在の完全な言説にほかならなかった、そういう時であった。

同時性・通時性・異時性

これらの物は、私的な環境のなかで、もっと私的な領域を作っている。それらの物は、所有される物であるよりも、むしろ先祖のような、象徴的な仲介者である。——先祖は《最も私的なもの》である。それらの物は日常性からの逃避であり、この逃避は時間のなかで最も徹底される。[8] 逃避は、おのれの幼年期への逃避が最も深いものである。おそらく、どのような美的感情のなかにもこのような隠喩的な逃避があるが、芸術作品そのものは理性的な読解を必要とする。古い物は読解を必要としない。それは《伝説》である。なぜなら、古い物を指示するのは、まず第一にその神話的要因、真正性の要因であるからである。時代・様式・モデルまたはシリーズは、貴重なものでもそうでなくても、本物でもにせでも、古い物の体験された特殊性を変えはしない。古い物は本物でもにせでもなく、《完全》である。——それは内的でも外的でもなく、ひとつの《アリバイ》である。——それは同時的でも通時的でもなく（それは雰囲気の構造にも、時間的構造にも入らない）、異時的である。——古い物は、その所有者との関係では、あるという動詞の属辞でもなく、持つという動詞の目的語でもなく、むしろほとんど同語反復的に動詞の実体を格変化させる、内的な目的語の文法カテゴリーに属している。

機能する物は存在の不在である。現実はそこではこの《完全な》次元への退行を妨げている。この完全な次元からは、存在のための進行しかありえない。また、機能する物はきわめて貧しく見える。つまり、その物の価格・性質・社会的威信がどのようなものであっても、それは父と母のイメージの喪失を示すものであり、その事情は変わっていない。機能性は豊かであるが意味作用は貧しいこの機能的な物は、現実とかかわり、日常生活のなかで使い果たされる。機能性が最小で意味作用は最大である神話的な物は、先祖性もしくは自然の絶対的な先行性にさえかかわる。体験の面では、これらの矛盾した公準は、相互に補うものとして、同じ体系のなかで共存している。このようにして、あの建築家は石油暖房と農民のバシンワールを同時に所有する。さらに、同じ本のポケット版と稀覯本または古い版が共存し、電気洗濯機と古い洗濯棒、壁にはめ込まれた機能的な戸棚と、人目につくスペイン風の戸棚が共存する。(9)この相互補助性の極端な例は、都会のマンションと田舎の別荘という、今はやりの二つの住居の所有である。(10)

このように物が二つあることは、要するに意識が二つあることである。それはひとつの欠如と、それを退行的な仕方で補おうとする試みとを示している。共時性と適時性が、現実についての体系的・排他的な支配を構成する傾向を持つ文明においては、(物のレヴェルでも、行動・社会構造のレヴェルでも)異時性という第三の次元が現れる。体系にかかわる失敗を示すこの退行的な次元は、それでもやはり、その体系のなかに隠れ家を見出す。逆説的なことだが、この退行的次元によって、その体系の機能が可能になる。

逆の投影──《未開人》の技術が産む物

機能する現代的な物と、古い《装飾品》とのあいまいな共存が現れるのは、経済の発達、産業生産、環境の実際上の整備が或る段階に達してからのことにほかならない。恵まれない社会階層のひとたち(農民・労働者)と《未開人》は古い物を必要とせず、機能的な物を渇望する。もっともこの二つの行為には何らかの関係がある。《未開人》が、単にそれが《西欧の》物であるというだけで、腕時計や万年筆に飛びつくとき、われわれは一種の喜劇的な不合理を感ずる。未開人は物に意味を与えるのではなく、貪欲にそれを自分の所有にする。それは小児的な関係であり、力の幻像である。物にはもはや機能がなく、ひとつの力がある。物はひとつの記号である。しかし、《文明人》を一六世紀の木製品やイコンに向かわせるのは、衝動的な文化変容、呪術的な所有という同じプロセスではないだろうか。《未開人》と《文明人》が、物というかたちのもとで捉えるのは、ひとつの《力》である。それが一方では技術的現代性という保証、他方では先祖のものという保証がされているのである。しかしこの《力》は両者においても同じではない。《未開発》のひとにおいて求められるのは、権力としての父のイメージである（このばあいは植民地の権力）[11]。ノスタルジーを求める《文明人》のばあいは、誕生と価値としての父のイメージである。一方には投影的神話があり、他方には退行的神話がある。権力の神話と起源の神話。つねに、人間に欠けているものが物に与えられる。《未開発》のひとにおいては、権力は技術が産む物のなかにフェティシュ化され、技術的な《文明人》においては、神話的な物のなかにフェティシュ化されるのは、誕生と真正性である。

つまり、フェティシズムは同じである。極限では、すべての古い物が美しいのは、単にそれが長いあいだ保存されていて、それによって以前の生活の記号になっているからにすぎない。現在のわれわれの支配の記号である機能する物と、過去の支配の記号である神話的な物とを並置するのは、われわれの起源についての不安な好奇心である。というのはわれわれは、自分自身であることと誰かほかのひとであること、父のあとを継ぐことと父から出発することとを同時に望むからである。世界を再構成し、父の代わりになろうというプロメテウス的な企てと、原初の存在とのつながりによって落ちて行こうとする企てとのあいだで、人間はおそらく選択できないだろう。物それ自体が、解決されないこのあいまいさを示している。物のなかには、現在を媒介するものと、過去を媒介するものがあるが、後者の価値は、欠如しているという価値である。古い物では、いわばひとつの分子がその先にある。そして古い物の受け継がれてきた高貴さは、現代の物があまりにも早く使われなくなることを補っている。かつて老人たちは美しかったが、それは彼らが《神にもっと近く》、体験が豊かだったからである。今日、技術文明は老人の知恵を拒否したが、古い物の密度を前にして頭を下げる。古い物のただひとつの価値は、封印されていて確実だということである。

古い物の市場

ここには、たとえばヴァンス・パッカードが『地位を求めるひとびと』のなかで描いたような、スノビズムと社会的威信の文化的欲求以上のものがある。ボストンのシックなひとたちは、紫色に反射する古いガラスで窓を異様なものにする。《このひびが珍重されているのだ。このガラスは、今から三百年前に、イギリスのガラス屋がアメリカ人に売りつけた粗悪ガラスの名残りなのである》（六七頁）。《郊外居住者で、下層上流階級に入りたいと思う人たちは、必ずといってよいほど古物を買う。それが金でもってあがなえる社会的地位のシンボルだからである》（六七頁）〔訳注八〕。なぜならば、結局のところ社会的威信は（車や現代的な別荘など）数多くの仕方で示されうるからである。なぜ、過去のなかで意味表示することを選ぶのか(12)。獲得されたすべての価値は、父祖伝来の価値、受け取られた恩寵へと変化する。しかし、血統・家系・称号がそのイデオロギー的価値を失ったので、あらゆる時代、あらゆる国の家具・物・宝石・美術作品といった物質的な記号が優越性を意味しなくてはならない。この意味において、《保証つきの》（その保証が真正のものか否かは重要ではない）数多くの記号と偶像、さらに本物やにせ物の家具・原稿・イコンの魔術的な増殖が市場を侵食する。過去全体が消費の回路に戻って来るし、一種の闇市にさえ戻って来る。すでに、ニューヘブリデス諸島の物、ローマ時代のスペインの物、蚤の市のすべてを集めても、西欧の裕福な家庭の室内にある、原始的・ノスタルジー的な貪欲を満たすのには不足する。聖処女や聖人の像、そしてさまざまな絵画が、しだいに美術館と教会から消えつつある。家が新しすぎて十分に満足できない裕福なひとたちが、裏のルートで買っているのだ。要するに、贋造だけが《真正性》への渇望をまだ満たせるという事実こそ、文化的には逆説でも、経済の真理なのである。

文化の新しい帝国主義

結局、技術・家庭の物を通して自然を支配し、古い物を通して文化を支配しているのは、同一の帝国主義である。同じ私的な帝国主義が、機能的に家庭のものになった環境と、家庭のものになった過去の記号、本質的には聖なるものであるがその聖性を失った先祖の物——歴史のない家庭という領域のなかで聖性（または歴史性）を見えるようにすることがそれらの物に求められている——を集めている。

このように、消費のかたちの目録としての過去全体が、現実にあるかたちの目録に追加されて、流行の超越的領域を構成する。

（1） 私はここでは分析を《古い》物に限定する。なぜなら古い物は、《非体系的な》物の最も明白な例だからである。しかしこの分析が、周辺にある物の他の下位カテゴリーを出発点として、同じ基盤でなされうることは明らかである。

（2） 自然性が結局は自然の否認であるように、歴史性もまた、記号を高めることの裏側での歴史の拒否——歴史の否認された存在である。

（3） 事実、古い物は雰囲気の構造のなかに完全に入り込む。なぜなら、古い物があるところでは、それは《クールな》現代的環境のすべてに対立した《ホットな》ものとして、ひとかたまりになって体験されるからである。

(4) さらに、これを延長したものとして、異国の物がある。外国へ行くこと、緯度の変化は、現代人にとっては過去への没入とまったく等価である。(観光旅行を考えよ。)あらゆる国の手作りの物、土地の物、玩具の魅力になっているのは、ピトレスクな多様性であるよりも、むしろかたちと製作様式の古さであり、幼年期とその遊びの世界とによって伝えられてきた、以前あった世界への暗示である。

(5) 互いに逆の二つの運動。古い物は、現在の文化体系に組み込まれる限りにおいて、過去の底から来て、現在のなかで時間を欠いた次元を意味するようになる。反対に、個人的な退行である限りにおいて、それは現在から過去への運動であり、存在を欠いた次元を過去に投影しようとするものである。

(6) 「周辺の体系——収集」の章を参照。

(7) このようにして聖遺物は、神または死者の魂そのものをひとつの物に閉じ込める可能性を意味している。聖遺物で箱に入っていないものはない。価値は聖遺物から聖遺物箱へと《移行》する。金の聖遺物箱は真正性の価値を明示し、それによって象徴的にもっと有効になる。

(8) このようにして、旅行による移動は、失われた時の探求といつも重なる。

(9) 厳密な相互関係を求めてはならない。現代の物から機能領域は分離しているが、それは古い物からの機能領域の分離とは異なる。さらにこのばあい、古い物の機能は廃止された機能としてのみ働いている。

(10) 主な住居と二次的な住居、機能的なすまいと《自然化》されたすまいの両方で、ひとつの古い暖炉が二重に用いられるということは、おそらく体系的プロセスの最も明瞭な例であろう。体系は、形式上は矛盾していても根底では相互に補足している関係項で均衡を保つように二重化している。体系は日常性の全体に対して、労働＝レジャーという構造のなかで働きかける。この構造においては、レジャーはけっして移行ではなく、活動的な生活への出口でさえない。この構造においては、同じ日常性が、実在する矛盾を越えて、整合的で決定的な体系として作られうるために二重化する。たしかに、孤立した物のレヴェルではこのプロセスはよくわからないが、それぞれの機能する物はこのように二重化でき、もっとよく全体に組み込まれるように、それ自体にはっきりと対立することができる。

(11) 子どもにおいては、雰囲気を作る物はまず第一に父から与えられる。(生後一年までは男根的な母から与えられる。)物を所有することは、父の力を所有することである。(R・バルトは自動車についてこのことを論じている。*Realités*, octobre, 1963) 子どもによる物の使用は、父との同一化のプロセスを追っており、そこから結果するすべての葛藤が伴っている。この使用はつねにあいまいで、攻撃性がまじっている。

(12) たしかにそれは社会階級が高くなるにつれて大きくなる。しかし、或る社会的地位と、最小限の《都会の文化変容》から は非常に早くなる。

II　周辺の体系——収集

「リトレ仏語辞典」は、《物》について次のようなひとつの定義をしている。《情熱の原因・主題になっているすべてのもの。比喩的な意味で特に〈好きな物〉を表す。》

われわれの日常的な物は、実際には、個人として所有したいという、ひとつの情熱の対象であることを認めておこう。この情熱の感性的充当は、人間的情熱の充当に劣らない。それは日常的な情熱であって、しばしば他のあらゆる情熱にまさり、時には、他の情熱がなければ、それだけで支配する情熱である。それは温和な、拡散した、規制する情熱であって、主体と集団との重要な均衡のなかでの、生きようという決意そのもののなかでの本質的な役割はよく計られない。この意味での物は、物についてわれわれが行なう実践行為の外側では、与えられた時においては、主体に対してきわめて相関的な別の物であって、それは単に抵抗する物質的物体であるだけではなく、私が支配している心的領域、私がその意味になっているひとつの物、所有物・情熱である。

機能を離脱した物

もし私が冷蔵のために冷蔵庫を使うならば、それは実用的な媒介である。それはひとつの物ではなく、ひとつの冷蔵庫である。その限りでは私は冷蔵庫を所有してはいない。道具はいつも私を世界に返すから、ひとつの道具が所有されるということはなく、機能から分離され、主体に対して相対的になった物が所有されるのである。このレヴェルでは、所有されるすべての物は、同じ分離作用に参加し、それらの物が主体にのみかかわる限りにおいて、相互に関連する。そうするとそれらの物は体系を構成し、この体系によって主体はひとつの世界、ひとつの私的な全体性を再構築しようと試みるのである。

　このようにしてすべての物には、用いられることと所有されることという二つの機能がある。第一の機能は、主体による世界の実践的全体化の領域に由来し、第二の機能は、世界の外側での主体自身による主体の抽象的全体化の企てに由来する。この二つの機能は互いに逆の理由を持っている。極限においては、厳密に実用的な物は、社会的な規定を得る。これが機械である。逆に、機能を失うか、使用から分離された純粋な物は、厳密に主観的な規定を得る。そういう物が収集される物になる。収集される物は、敷物・テーブル・羅針盤・床飾りではなくなって、《物》になる。収集家は《美しい物》とは言うが、美しい小像とは言わないだろう。物がその機能によって規定されなくなると、主体によって特質を与えられる。しかしそうすると、すべての物は、熱情的な抽象化である所有という点で価値が同じになる。所有はひとつの物では不十分である。それはつねに物の継起であり、極限においては、その完成された計画となるのは全体のシリーズである。どんなものであれ、ひとつの物の所有が、非常に満足を与えると同時に、非常に失望させることでもあるのはこのためである。シリーズ全体がこの所有を延長させ、また不安にする。これは性の面においてもいく分かは同じである。もしも愛の関係が存在をその独自性のなかで目ざすとすれば、愛による所有は、そういうものである限りにおいては、物の連続もしくは同じことの反復、或いはあらゆる物の想定によってのみ満足する。相互に関連する物の、多かれ少なかれ複合した機構だけが、それぞれの物をひとつの十分な抽象作用に構成する。それは、それぞれの物が、所有の感情という体験された抽象作用のなかで、主体によって回復されうるように構成されるのである。

この機構が収集である。習慣的な環境は、あいまいな規定を保持している。そこでは機能的なものは主観的なもののなかでたえず解体し、いつも失敗する全体的な統合の企てのなかで、所有は使用と混合される。これに反して、収集はわれわれにとってモデルとして役立つ。収集において、所有という情熱的な企てが勝利を得るのであり、物という日常的な散文が、詩、つまり無意識的で勝利の言説になる。

情熱としての物

モーリス・レームは次のように書いている。《収集の趣味は、一種の愛の遊びである》(*La Vie étrange des objets*, p. 28)。子どものばあい、収集は外側の世界を支配する最も基本的なやり方である。つまり収集には、整理・分類・操作がある。収集が能動的になるのは七歳から一二歳までのように思われる。それは前思春期と思春期のあいだの時期である。収集の趣味は思春期に到達するとなくなる傾向があり、時々は年をとってから復活する。それは四〇歳を過ぎたばあいが最も多い。要するに、性的状況への関連がいたるところに見えている。つまり収集は、性的発達の危機の段階における強力な代償行為である。収集は、能動的な男性の性活動と両立しないが、純粋にまた単純にその代わりになるのではない。収集は、男性の性活動に関しては肛門期への退行を構成する。そしてこの退行は、蓄積・秩序付け、攻撃的な保持などによって表現されている。収集という行為は、性的な行為と等価ではない。収集は、（フェティシズムのように）衝動の満足を目ざすものではない。しかし収集は、非常に強度な反作用的な満足に到達できる。物はここでは完全に好きな物の意味を持つ。《物への情熱は、物を神の創造したものだと考えさせるようにする。磁器製のたまごの収集家は、神がこれほど美しく特異なかたちをこれ以外には創らなかったこと、神は収集家の楽しみのためにのみそれを想像したのだということを知る……》（M・レーム、前掲書三三頁）。《私はこの物に夢中だ》と収集家たちは宣言する。そして、フェティシズム的な倒錯が介入しないならば、例外なしにすべての収集家は自分たちの収集物の周辺に、非合法活動・不法監禁・秘密・嘘といった雰囲気を維持する。そしてこの雰囲気は、犯罪的関係のあらゆる特徴を示している。この愛の遊びこそ、収集という退行的な行為を高等なものにし、何かを収集しないひとは頭が弱く、貧しい人間の屑だという意見を正当化する。(1)

だから、収集家が高尚であるのは、彼が集めている物の性質によってではなく（そういう物は、収集家の年齢・職業・社会環境によって異なる）、彼の熱中によってである。この熱中は、ペルシャの細密画を集めている裕福なアマチュアと、マッチ箱の収集家とで同じである。この意味において、シリーズで欠けている物を補って行くために物を愛する収集家と、物が持っている多様で特異な魅力のために物を集めるアマチュアとの区別は決定的ではない。両者の楽しみは、一方では所有がそれぞれの要素の絶対的な独自性に基づくのに対して――この独自性によって、物は存在と、そして結局は主体そのものと等価になる――、他方では、シリーズの可能性、したがって無限定な代置と遊びとの可能性に基づいている。これは質的な真髄、量的な操作である。もしも所有が、(手や眼の)感覚の混乱、特権的な物との親しさから成るとしても、それはまた、探し、順序を作り、遊び、再統一することからも成っている。要するにそこにはハーレムの匂いがする。このハーレムの魅力は、(つねに特権的な関係項を伴った)親しさのなかでのシリーズの魅力であり、シリーズのなかでの親しさの魅力である。

秘密のハーレムの主人である人間は、特に自分の所有物のなかで主人である。独自なものと葛藤するものとの領域である人間関係は、絶対的な独自性と無限定なシリーズとのこの融合をけっして認めない。人間関係が不安のたえまない源泉であるのはこのためである。これに対して、連続していて同質な関係項の領域である物の領域は、安心感を与えてくれる。もちろんそれは、非現実的な奸計、抽象化・退行などの代価を払ってのことであるが、それは重要ではない。モーリス・レームは次のように述べている。《物は人間にとっては、愛撫されると自分の仕方でそれを返すか、或いはむしろ、実在するイメージにではなく、望まれるイメージに忠実な鏡のようにその愛撫を返す、感覚を失った犬のようなものである》(五〇頁)。

最も美しい家畜

この犬のイメージは正当である。家のなかで飼われる動物は、人間と物のあいだの中間種である。犬・猫・鳥・亀・カナリヤ――それらの感動的な存在は、人間関係の失敗と、ナルシス的な家庭の世界への依存とを表している。この世界では、主観性がまったく静かに完成されている。ついでながら、こういう動物たちに性がないことに注意したい。（彼らは飼われるために去勢されることがある。）彼らは生命あるものではあるが、物よりも性がない。性がないという代価を払ってこそ、それらの動物は感情面で安心を与えることが可能であり、実際の去勢または象徴的な去勢によってこそ、彼らはその飼主のかたわらで、去勢の不安を調整する役割を演ずることができる。それはわれわれの周囲のすべての物も演じている役割である。それは、物こそ完全な家畜だからである。物だけが、私の人格を束縛せずに高める《存在》であるという性質を持っている。物以外に、複数になって本当に共存できるものはない。なぜなら物は、たがいに差異があっても、生きた存在とは違ってぶつかり合うことはなく、従順に私の方を向き、意識のなかで容易に調整されるからである。物は同時に最もよく《人間化》され、計算される。そしてこの主観的な計算可能性には排他的なものはない。すべてのものが所有され、投資〔充当〕されることができ、或いは収集家の行為においては、整理され、分類され、配分されることができる。このようにして、物は厳密な意味でひとつの鏡である。この鏡に映る像は、たがいに矛盾しないで継起することしかできない。そしてそれは一枚の完全な鏡である。なぜならそれは本当の像を映すのではなく、望ましい像を映すからである。要するにそれは、忠実さだけが残っている犬である。そして犬は私を見れないのに、私は犬を見ることができる。人間関係のなかには充当できなかったすべてのものが物のなかに充当できるのはこのためである。人間が物のなかでおのれを《回復する》ために、進んで物へと退行するのはこのためである。しかしこの回復や、生きていない物についてのあらゆる感動的な文学によって欺かれてはならない。この回復は退行であり、この情熱は情熱的な逃走である。おそらく物は日常生活を規制する役割を演じている。物において多くの神経症がなくなり、活動していなかった緊張とエネルギーが回復するからである。それによって物に《魂》が与えられ、物が《われわれのもの》になる。しかしこの回復はまた、物を執拗な神話の装飾、神経症的な均衡の理想の装飾にするものでもある。

シリーズの運動

しかし、この媒介は貧弱である。意識はどのようにしてこの媒介のなかでおのれを把握できるのだろうか。そこには主観性の奸計が働いている。所有されているものは、けっして貧弱な媒介ではない。それはつねに絶対的な特異性を持っている。それは事実上のことではない。《珍しい》、《独自な》物を所有することは、明らかに所有の理想的な目標である。しかし、一方ではそういう物が独自であるという証明は、現実の世界ではけっしてなされないし、他方、主観性はそういう証明なしでも十分にやって行ける。物の特殊な性質、その交換価値は、文化的・社会的領域に由来する。これに反して、物の絶対的な特異性は、私によって所有されることに由来する。そのことにより私は、自分が物において絶対に特異なものであることを認識する。これはいかめしい同義反復であるが、しかしそれは物に対するあらゆる関係の濃さ、その失望感を与える容易さ、その幻影、しかしまた深い配慮をも形成する。(2) さらに、この閉じられた回路は、(困難ではあるが)人間関係を規制することも可能である。しかし、間主観性のレヴェルでは不可能なものがここでは可能になる。そういう物は、数が限定されていない物へのナルシス的投影の同じプロセスの増幅と対立するものではない。むしろ物はそういう増幅を強制する。そしてそれによって、全体的な環境の設定と、まさに収集の奇跡であるそれ自体のイメージの全体化にふける。なぜなら人間はつねにおのれ自身を収集するからである。

このようにして、所有の体系の構造がもっとよく理解される。収集は関係項の連続によってなされるが、この連続の最後の関係項は収集家の人間そのものである。逆に収集家は、収集のそれぞれの関係項に次々とおのれを代置することによってのみ、収集家としての自己を構成する。社会学的な面では、モデルとシリーズの体系のなかに、これと同質の構造が見出されよう。いずれのばあいにも、シリーズと収集は、物の所有、つまり物と人間との相互的統合を作っていることが確認される。(3)

量から質へ——独自な物

こういう仮説には、或る特定の物に対するアマチュアの明確な情熱を対立させることができるかもしれない。しかし、独自な物がまさにあらゆる種が要約される最後の関係項、ひとつのパラディグム全体のなかでの特権的な関係項にほかならないこと(このパラディグムが潜在的か、消去されたものか、暗黙のものかなどは問題ではない)、要するに独自な物がシリーズの標識であることは明らかである。

ラ・ブリュイエールは、人物描写のなかで好奇心を情熱として描き、或る版画収集家について次のように書いている。《わたしはね、と彼はつづける。ほんとうに悲しく思っているよ。もうこれ切り版画あつめはやめにしたいと思う位だよ。だって、わたしはカロを皆そろえて持っているのだが、唯一つ手に入らぬものがあるんだ。それは正直のところ彼の傑作の部には入らない。寧ろつまらぬものの一つなのだが、唯それ一つがどうにも手に入らない。わたしは二十年来その版画を発見しようと苦労しているのだが、もう到底見つかる望みはない。実につらいよ!〔訳注九〕》ここでは、ひとつだけ欠けているシリーズ全体と、シリーズのなかで欠けている最後の項とのあいだで体験される等価性が、数学のようにはっきりと感知される(4)。シリーズのなかで欠けている最後の項は、それなしではシリーズがなくなってしまうものであって、シリーズを象徴的に要約している。そのときこの項は、量的なあらゆる配置から過度に純化された奇妙な性質を帯びる。それが独自な物であって、最後にあるその位置によって特別なものとされ、それによって特別な目的性があるという幻想を与えている。ほかのばあいもこれと同様であるが、しかしわれわれは次のことを理解する。すなわち、この独自な物は量によってたえず質へと導かれ、このただひとつの意味スルモノへと集中された価値は、事実上はこのパラディグムの中間的な意味スルモノの連鎖全体を通過する。そこには(symbolien という)語源的な意味での物の象徴表現と呼べるものがある。そこでは意味作用の連鎖がその関係項のひとつに集約されている。物は何らかの審級や外的な価値の象徴ではなく、何よりもそれが関係項になっているところの物のシリーズ全部の象徴である(それが物になっているところの人間の象徴であるのと同時に）。

ラ・ブリュイエールの例はひとつの規則をあらわにする。それは、物が例外的な価値を持つのは不在のなかにおいてのみであるという規則である。欲望の結果だけが重要なのではない。収集が完成のためになされているのかどうか、欠如がそこで本質的な、その上積極的な役割を演じていないかどうかを問わなくてはならない。なぜなら欠如は、主体が客観的に自己を再把握する根拠だからである。最後の物の存在が、結局は主体の死を意味するように、この関係項の不在は、主体が単に物のなかに死を形象化することによっておのれの死を演ずること、つまり死を遠ざけることを可能にする。この欠如は苦痛として体験されるが、この欠如はまた、現実の決定的な省略を意味する収集の完成を免れるようにできる断絶でもある。だから、ラ・ブリュイエールが記述したアマチュアが、最後のカロの版画を発見できなかったことを祝福しよう。もしも彼がそれを発見したならば、彼はその時まだそうであった生き生きとした情熱的な人間ではなくなっていただろう。また、収集が終了して、この不在の関係項を目ざさなくなるときに錯乱が始まると言っておこう。

もうひとつの挿話が、この意味での証言になる（モーリス・レームの報告）。或る日のこと、稀覯本の所有者である珍本収集家が、どこかの本屋が彼が持っているのと同じ本をニューヨークで売りに出していることを知った。彼は早速出かけてその本を買い、公証人を呼んでその眼の前でこの第二の珍本を焼き、焼いてしまったという公正証書を作らせた。彼はその証書を、一冊だけになった珍本にはさんで安心して眠った。そうすると、ここにはシリーズの否定があるのだろうか。そう思われるのは外見だけのことである。事実としては、残された一冊の本には、潜在的にあるすべての本の価値が与えられてあったのであり、この珍本収集家は、もう一冊の本を焼くことによって、そこなわれた象徴の完全さを回復させたにすぎない。シリーズは、否定され、忘れられ、破壊され、潜在的であっても、つねにそこに存在している。最低の日常的な物においても、最高の稀な物においても、シリーズは所有と愛をこめた遊びに材料を提供する。シリーズがなければ、可能な遊びはなくなり、したがって所有もなくなり、正確に言えば物もなくなるだろう。本当に独自な、絶対的な物、シリーズのなかで先行する物も拡散された物もないような物は考えられない。そういうものは純粋な音と同様に存在しない。そして倍音のシリーズによって、音が知覚される性質へと導かれるように、多かれ少なかれ複合的なパラディグム的シリーズは、物を支配と遊びとの人間関係の領域のなかへ導くと同時に、物の象徴的性質の方へと導く。

物と習慣——腕時計

それぞれの物は実用的特殊性、物の明白な言説のような物の機能と、シリーズ・収集に吸収されることとの中間にある。シリーズ・収集への吸収において物は、言説のなかでも最も基本的で最も執拗な、潜在的で反復される言説の関係項になる。物のこの言説体系は、習慣の体系と同類である。(5)

習慣は、非連続性と反復である。(習慣ということばの用法が暗示するような連続性ではない。)われわれが、時間の連続性が持ちうる不安なものと、できごとの絶対的な特異性とを解決するのは、時間をわれわれの《習慣的な》図式に分割することによってである。同様に、われわれが物を自分の物として処理し、物を所有するのも、物をシリーズに非連続的に統合することによってである。これが主観性の言説そのものであり、物はこの言説の特権的な登録簿である。つまり物は、世界の不可逆的な生成変化とわれわれとのあいだに幕を介入させる。この幕は非連続で、分類可能で、裏返すことができ、意のままに反復できるものであって、われわれの手にも心にもおとなしく入ってきて、不安を除いてくれる世界の周辺部である。物は、道具のシリーズに入ることによって、単に世界に対するわれわれの支配に役立つだけではなく、精神のシリーズに入ることによって、時間を支配するのに役立つ。時間の支配は、習慣と同じ仕方で時間を非連続化し、分配することによって、空間のなかでの整理を秩序付けるのと同じ結合の強制に時間を従わせることによってなされる。

非連続的で《習慣的な》この機能を示す良い例は時計である。(6) 時計は、われわれが物を体験する二つの仕方を要約している。一方では、時計はわれわれに客観的な時間を教えてくれる。精密な正確さは、実際の束縛、社会的外在性、死、それらの次元そのものである。しかし時計は、元に戻せない時間性にわれわれを従属させると同時に、物として、われわれが時間を自分のものにするのに役立つ。自動車がキロメートルを《むさぼり食う》ように、時計という物は時間をむさぼり食う。(7) 時間を実体化し分割することによって、時計は時間を消費される物にする。時間はもはや実用の危険な次元ではなく、馴化された量である。時刻を知るという事実だけではなく、自分が持っているひとつの物を通して時間を《所有》し、自分の眼の前でたえず時間を記録させているという事実は、安心感という文明人の基本的な糧になっている。時間はもはや家にはなく、掛時計の鼓動する心臓のなかにもない。時間はいつも腕時計のなかにあり、内臓の規則性と同じ有機体的満足感で記録されている。腕時計を通して、時間は私の客観化の次元そのものとして、また全体が家にあるひとつの財として提示される。ほかのどんな物でも、客観的な強制の次元それ自体の回復についてのこういう分析の対象になるだろう。腕時計は、時間との直接の関係によって、その最も明瞭な例のひとつであるにすぎない。

物と時間——計画されたサイクル

時間的な問題設定は、収集にとって非常に重要である。モーリス・レームは次のように書いている。《収集家の情熱にしばしば伴う現象は、現実の時間に対する感覚の喪失である》（四二頁）。しかし、ノスタルジー的な逃避だけが問題なのであろうか。椅子の脚にいたるまでルイ一六世と自分を同一化したり、一六世紀のかぎ煙草入れに熱中するひとたちは、歴史にかかわることによって、たしかに現在の時間から離脱する。しかしここでは、こういう歴史とのかかわりは、収集という体験された体系的なものとの関係では二次的である。収集された物に大きな力が与えられるのは、実際にはそれらの物の特異性や明確な歴史性によってではない。収集の時間が現実の時間でないのはそれによってではない。それは、収集そのものの機構が時間に代置されるという事実によってである。現実の時間を体系的な次元に分解すること、おそらくそこに収集の基本的なはたらきがある。趣味・好奇心・社会的威信・社会的言説は、収集をもっと大きな関係（それは入信儀礼をすませたひとたちの集団よりも大きくはない）に通じさせることができる。いずれにせよ収集は、まず第一に強い意味で《時間つぶし》である。収集はまったく単純に時間を廃棄する。或いはむしろ、収集によって可逆的に動かせる固定された関係項に時間を組み入れることによって、収集は計画されたサイクルをたえず再開させる。このサイクルにおいて人間は、どれでもよいがどこかの関係項から出発し、かならずそこに戻ることを確信しつつ、誕生と死の運動を自らに与える。

私的な物による環境と、そういう物の所有——収集はこの所有の極点である——が、われわれの生活の本質的でかつまた想像的な次元であるのはこの点においてである。それは夢と同様本質的である。実験的に誰かが夢を見るのを妨害すると、そのひとにはただちに重大な心的障害が生ずるであろうと言われている。所有という運動への逃避＝退行をやめさせ、計画された自分の言説の維持と、物を通して時間の外へと自分を傾斜させることとを妨げることができるならば、精神の均衡はすぐに壊れてしまうだろう。われわれは絶対的な特異性、誕生の瞬間をその徴表とする不可逆性のなかには生きられない。誕生から死へというこの不可逆性の解決を物が手伝ってくれる。

もちろんこの均衡は神経症的であり、不安に対抗するこの手段は退行的である。なぜなら時間は客観的に不可逆的であり、われわれのために時間を保存するという機能を持つ物でさえ、時間によって運び去られるからである。もちろん、物のレヴェルでの非連続な防禦のメカニズムはつねに問題にされる。なぜなら、世界と人間は連続しているからである。そうであろうか。しかし、正常や異常について語れるだろうか。もしも物のなかに、人間関係において《そうあるはずの》ものが投資されていることを考えるならば、閉ざされた共時性への逃避は、現実の否認であり、現実からの逃走とされるだろう。しかしそれらの物の大きな規制力はこの代価を支払って存在している。宗教とイデオロギーの審級が消え去った今日、それらの物はいくつかの慰めのなかの真の慰め、時間と死の不安を吸いこんでくれる日常の神話になりつつある。

ここで、人間が自分の物のなかへと延長されるか、そこで生き延びることを望む、自発的な神話を回避しよう。逃避のプロセスは、不死・永続性、さらに反映としての物（人間は根本的にはそういうものを信じたことはなかった）のなかに生き延びることではなく、物の体系のなかでの誕生と死の《再サイクル化》というもっと複雑な運動である。人間が物のなかに見出すのは、生き延びる保証ではなく、サイクルになっていて制御された仕方で、自分の存在のプロセスをこれからも続けて生きる保証、このようにして不可逆的なできごとが欠けている現実の存在を象徴的に超越する保証である。

ここでわれわれは、（フロイトによる分析のなかに出てくる）子どものまりの問題に接近している。子どもはこのまりを隠したり現したりすることによって、母の不在と存在を交互に体験し――いない、いた、いない、いた――母がいないという不安に対して、まりが再び現れる無限定のサイクルによって対応する。ここで、シリーズのなかでの運動の象徴的な含意がよく把握される。そして、要約するならば、物はわれわれの服喪の対象であると言えるだろう。それは物がわれわれ自身の死を表しているという意味においてである。ただし、われわれが物を所有しているという事実、喪の行為に物を投入することによって、つまり物をシリーズのなかに組み入れることによって――シリーズにおいては、この不在と、この不在の外側での物の再現とが、サイクルになってたえず勝負をし直そうと《努めている》のだが――われわれが不在と実在する死という不安を与えるできごとを解決するという事実によって、この死は（象徴的に）超越されている。われわれは今や日常生活のなかで、物のおかげでわれわれ自身に対する服喪の行為をする。そして、たしかに退行的ではあるが、それによってわれわれは生きることができる。収集する人間は死ぬが、彼は文字通り収集のなかに生き続けている。収集は彼の生涯が終ったあと、死そのものをシリーズとサイクルのなかに組み入れることによって、死後もその生活を限りなくくり返す。ここで夢との類似を再び考えることができるだろう。もしもそれぞれの物が、その（実用的・文化的・社会的な）機能によって、ひとつの祈念の媒介であるとすれば、それはまた私が述べてきたような体系的な運動の関係項のひとつとして、欲求をあらわにするものでもある。欲求は、意味スルモノの無限定な連鎖上で、死を横切って、また死を越えて、自己自身の無限定な反復または代置が自己運動するようにさせている。また、もしも夢の機能が睡眠の連続性を確保することにあるとすれば、物が生活の連続性を確保するのも、同じ妥協によってである。(8)

不法監禁された物――嫉妬

物への情熱は、その退行的な歩みの終局では、純粋な嫉妬となって完成される。物の所有は、その物が他の物に対して持ち得る価値、他の物を挫折させ得る価値によって満足を与える。収集家の熱中の特徴であるこの嫉妬のコンプレックスはまた、あらゆる関係を考慮してみると、所有ということについての率直な考察を求める。美を不法に監禁してひとりだけで楽しもうとするのは、肛門的サディズムの強力な図式である。こういう性的倒錯の行動は、物への関係のなかに大きく拡散している。

不法に監禁された物は何を示すか。（そういう物の客観的価値は二次的であり、その魅力になっているのは、物の禁固重労働である。）もしも或るひとが自分の自動車・万年筆・妻を貸さないとすれば、それはそれらの物が、嫉妬のなかでは自分のナルシス的等価物だからである。もしもその物がなくなったり、壊されたりすれば、それは去勢である。男は自分の男根を貸さない。ここに問題の本質がある。物という姿で、嫉妬するひとが物を介して不法に監禁し、保持しているのは彼自身のリビドーである。彼はこのリビドーを禁固の体系のなかへ追いやろうとする。これは収集が死の不安を解決するのに頼るのと同じ体系である。彼は自分の性の不安のなかで自分自身を去勢する。或いはむしろ、彼は不法監禁という象徴的去勢によって、本当の去勢が与える不安を予測する(9)。この絶望的な試みが、嫉妬を恐るべき享受にしている。人間はつねに自分自身に嫉妬する。人間が守り、監視しているのは自己であり、自己を享受しているのである。

このような嫉妬による享受は、絶対的な失望を背景としてはっきりと浮かび出る。なぜなら体系的な退行は、現実世界とそういう行動の失敗との意識を、完全に消し去ることはないからである。それは収集についても同じである。収集の支配権は脆弱である。現実世界の支配権がその背後にあって、たえず収集の支配権を脅かしている。しかし、この失望そのものが体系の一部になっている。失望が、満足と同じように体系の原動力になっている。失望はけっして世界にかかわるものではなく、あとに来る関係項にかかわる。失望と満足がサイクルのなかで継起する。この構成作用を持った失望が、体系に神経症的に熱中する理由になることが時折りある。シリーズはそれ自体を中心にしてしだいに速く回転し、差異は弱まり、代置のメカニズムが加速される。そうすると体系が破壊にいたることがあるが、それは主体の自己破壊である。M・レームは、けっして死を限定できないことによる一種の自殺として行われる、収集の激しい《死刑》の例を挙げている。嫉妬の体系のなかでは、主体が世界と自分の性との敵対性を完全には避けられないために、最後には不法監禁した物または存在を破壊する例は稀ではない。それは情熱の論理的・非論理的な終末である。(10)

脱構造化した物——倒錯

こういう所有の体系の効果性は、その退行的な特徴と直接に結び付いている。そしてこの退行は、倒錯の様態そのものと結び付いている。もしも、物に関しての倒錯が、フェティシズムという結晶化されたかたちによる最も明確な仕方で喚起されるとすれば、体系全体について、同じ目的、同じ仕方で構成されることによって、物の所有、物に対する情熱がどのように性的倒錯の和らげられた様態であるかを見ることを何も妨げはしない。実際、所有が(実在する、または潜在的な)シリーズの非連続性と特権的な関係項の選択とを基礎になされるのと同じく性的倒錯は次のような事実において成立する。それは、他者を人格の個性的全体として、欲求の対象としては把握できず、単に非連続のなかでのみ把握できるという事実である。他者は、自分の身体のさまざまなエロチックな部分のパラディグムに変化し、そのときそれらの部分のひとつに物として結晶化する。この女性はもはやひとりの女性ではなく、主体の好みによって、性器・胸・腹・股・声・顔のいずれかである。(11) それ以後、この女性はひとつのシリーズを構成する《物》である。このシリーズにある欲求が、さまざまな関係項のカタログを作るのであり、またこのシリーズの本当の意味サレルモノはもはや愛情の対象となっている人間ではなく、ナルシス的主観性のなかにある主体であって、この主体はおのれ自身を収集し、エロス化し、愛の関係を自分自身に対する言説にしている。

このことはJ＝L・ゴダールの「軽蔑」の最初のシーンで十分に示されていた。そこでは《裸》というイメージについての対話が次のように進行する。

《私の足が好き？》と彼女はたずねた。（このシーン全体で、彼女が鏡のなかの自分の姿をしげしげと見ていることに注意しよう。これは重要なことである。彼女は鏡のなかの自分の姿を通して、見られている者としての自分に、したがって空間のなかでの非連続なものとしての自分に価値を与えている。）

《うん、好きだよ》

《私の脚は？》

《好きだ》

《それじゃ、私のももは？》

《うん、好きだ》と彼はまた答えた。

（こういう風に、足の先から髪まで続く。）

《それじゃ、私が全部好きなのね》

《そうだ、全部好きだ》

《ポール、私もよ》彼女は状況を要約してこういった。

映画監督たちが、ここに非神話化された愛についての明晰な代数学を見たということも可能である。しかし、欲求のこのような不合理な再構築が、非人間性そのものであることに変りはない。おのれの身体によってシリーズに分解されたこの女性は、純粋な物になったのであり、そのことによって彼女は、自分がそのひとつの関係項にすぎない、すべての物としての女性のシリーズによって再把握されている。この体系の論理のなかでのただひとつの可能な活動は、代置の運動である。それは収集の満足のための原動力そのものであると私が認めたものである。

倒錯という自己エロス化の体系のなかで、物が細部において非連続であることは、他者の生きた完全性によって、愛の関係のなかでは阻止されている(12)。むしろそれは、物質的な物、特に精神的な脱構成に適応するのに十分なほど複雑に作られた物のばあいの規則である。たとえば自動車については、**私の**ブレーキ、**私の**フェンダー、**私の**ハンドルと言うことができる。**私が**ブレーキをかける、**私が**カーブを切る、**私が**スタートすると言う。すべての装置、すべての機能は、所有というかたちで、孤立させて人間に関係させることができる。ここで問われているのは、社会的レヴェルでの人間化ではなく、投影的な領域でのひとつのプロセスである。それは所有の領域でのプロセスではなく、存在の領域でのプロセスである。馬のばあい、それは人間にとっては力と優越性との驚くべき道具ではあったが、同じ混乱は不可能であった。それは馬が部分品からできていないからであり、特に馬には性があるからである。私の馬、私の妻と言うことはできるが、所有格の呼称はそこで終る。ひとつの性を持つ者は、細片化された投影に抵抗し、したがってわれわれが自己エロス化的な情念として、そして極限では倒錯として認めた所有の仕方に抵抗する。(13) ひとつの生きた存在を前にしてわれわれは、それが**私の**ものだと言えるが、自動車の機能・装置を象徴的に自分で働かせているばあいのように、**私が何々する**とは言えない。何らかの退行は不可能である。馬は象徴として強力に充当されることができる。(それは発情期にある性的な騎行であり、またケンタウロスの知恵でもある。その頭は、父のイメージと結び付いた恐ろしい幻像である。しかしその冷静さは、教育者としてのケイロン〔訳注一〇〕の保護する力でもある。)——馬に(人間の身体から切り離されたもろもろの要素・機能とほとんど混同されるアナロジーによって)、自動車の構造上の細部への自我の投影の、単純で、ナルシス的で、もっと貧しく、もっと幼稚なかたちでの充当がなされることはけっしてない。馬の象徴的な原動力があるとすれば、それはまさに馬の機能と器官の細部での同一化が不可能である限りにおいてであり、したがってまたこの原動力は、さまざまな関係項についての自己エロス的な《言説》のなかへと関係が消滅することとである。

こういう細分化と退行はひとつの技術を想定している。しかしそれは部品〔部分的事物〕のレヴェルで自動化されている技術である。そこで、さまざまなエロス発生的領域のサンタグムへと変化した女性は、快楽というただひとつの機能性に捧げられている。この機能性にエロチックな技術が対応しているのである。個人的関係の不安を掩い隠し、同時に、倒錯という幻覚体系のさなかで(身ぶり的・実在的な)真のアリバイとして役立つ、客体化し、儀礼化する技術。実際、あらゆる精神的な体系には、《信用》、現実への関与、技術的な《理由》、アリバイが必要である。そこで、《私が加速する》ときのアクセル、《私のヘッドライト》というときのヘッドライト、或いは《私の車》というときの自動車全体は、現実のこちら側でのすべてのナルシス的回復を支える、実在する技術的支柱である。同じことはエロチックな技術についても妥当するが、この技術は次のように要約される。つまりわれわれは現実に現れることと快楽という、生殖的な領域のレヴェルには存在せず、エロチックな行動がアリバイにすぎなくなっているようなシリーズ体系の、肛門的な退行領域のレヴェルに存在している。

周知の通り、技術がつねに《客観的》であるなどということはない。技術は、それが社会化され、テクノロジーによって取り上げられ、新しい構造を告知するときに客観的である。これに反して日常の領域では、技術は退行する幻覚作用にとってつねに好都合なひとつの場を提供する。なぜならそこには、脱構造化の可能性がいつも集中しているからである。ひとつの技術的な物の諸要素は、集められ、組み立てられて、整合的な内包を持っている。しかしこの構造は、精神の前ではいつも脆い。この構造は機能によって外部と結び付いており、プシュケーにとっては形式的である。構造的にヒエラルヒーになっている諸要素はいつでも分解して、主語が格変化するパラディグム体系のなかで、同じ価値を持つことができる。物は初めから不連続であり、思考によって非連続なものになる。物（特に技術的な物）は、以前のように人間の行動と人間のエネルギーに結び付いていないから、それだけ容易に非連続なものになるのである。もしも自動車が、馬との対比で、ナルシス的操作による非常に美しい物を構成するとすれば、それは馬に対するかつての人間の支配が、筋肉的な、運動化されたものであり、均衡の行動を望んでいるからである。これに反して、自動車に対する支配は、単純化され、機能的・抽象的である。

シリーズ的動機づけから実在する動機づけへ

以上の分析を通して私は、収集された物の性質それ自体は無視できるものとして扱ってきた。テーマ的なものは考慮せず、体系的なものに眼を向けているからである。しかし巨匠の絵の収集と葉巻の帯の収集とが異なっていることは明らかである。まず第一に、収集の概念が蓄積の概念と異なることを認めなくてはならない。(ラテン語の colligere は、選んで集めるという意味である。)下位の段階は、物質を蓄積する段階である。古新聞の積み重ね。食料品のストック――これは口唇期の取り入れ(introjection)と、肛門期の抑制の中間である――その次には、同じ物をシリーズとして集めること。収集は文化の方向に現れる。収集は、異なった物を目ざす。それらの物にはしばしば交換価値があり、また保存・交通・社会儀礼・展示のための《物》でもあり、おそらく利益の源泉でさえある。それらの物には企図が伴っている。それらの物は、たえず互いに関連し合っていて、この動きのなかに、社会的な外在性、人間的な関係を含んでいる。

しかし、外的な動機付けが強いばあいでさえも、収集は内的な体系的なものから逃れることはなく、せいぜい、外的な動機付けと、内的な体系的なものとのあいだの妥協になっているにすぎない。たとえ収集が他人に対する言説になるとしても、それはまず第一には自分自身に対する言説である。シリーズになっている動機付けはいたるところに見られる。アンケート調査によれば、(二〇・一八叢書、クセジュ文庫のような）叢書を集めるひとは、いちど収集という道に入ってしまうと、自分には関心のない本も買い続けるという。シリーズのなかに差異があれば、本当の関心にかかわる形式的な関心を作るのに十分である。それは、買おうとする動機付けのなかで働いている純粋な観念連合の強制である。これと似た行為は、自分の蔵書全部に囲まれていないと落ち着いて読めないような読書家の行為である。このばあいは読書の特殊性が消える。この線を越えると、重要なのは本ではなく、書斎の本棚にほかの本と並べてその本を置く瞬間である。反対に、《筋の通らない》収集をするひとは、なかなか収集できない。彼は自分にとって本当に関心のある本を買わないだろう。二つの動機付けをはっきりと区別するには、こういう観察で十分である。この二つの動機付けは互いに排除し合っていて、妥協というかたちでしか共存していない。そしてそのばあい、慣性によって、シリーズ的な動機付けの方が、利害による弁証法的な動機付けよりも優先する傾向がある(14)。

しかし、純粋な収集も本当の関心に通じることがありうる。全部のクセジュ文庫を、体系的に買い始めたひとが、音楽・社会学といったひとつのテーマに収集をしぼることはしばしばある。蓄積の量には限界があるから、できるだけの選択をもくろむことができる。しかしここには絶対的な規則はない。ひとは巨匠の描いた絵と、カマンベール〔チーズの名〕のラベルとを、同じ退行的な熱中で収集できる。これに反して、切手の収集は、子どものばあいにはたえまない交換の材料である。だから、ひとつの収集のテーマに複雑なものがあるからといって、その収集が世界に向かって本当に開かれているものだという結論を導くことはできない。せいぜいのところこの複雑さは、指標もしくは推測を提供できるだけである。

収集が純粋な蓄積と異なるのは、その文化的な複雑さのためであると同時に、それが欠けていたり不完全であったりすることによってである。実際、収集に欠けたものがあることは、つねにひとつの明確な要求、或る不在の物の要求である。そしてこの要求は、探索・情熱、他者へのメッセージとして示されるが[15]、それは収集にある極度の呪縛を打ち破るのに十分である。収集においては、主体は純粋な魅惑のなかにはまっている。或るテレビ番組がこのことをよく示していた。その番組では、それぞれの収集家が、視聴者に自分のコレクションを見せると同時に、自分が持っていないきわめて特殊な《物》について語り、それが欲しいと訴えたのである。このようにして物は社会的な言説へと導かれることができる。しかし同時に、導かれて来るものが物の現存であることは稀で、物の不在であるばあいの方がはるかに多いということをはっきりさせておかなくてはならない。

自己自身への言説

与えられた時における収集の特徴は、あいかわらずひとつの切断である。この切断によって、収集はその退化する体系から切り離され、ひとつの企図または要求と結び付けられる。(この企図または要求は、社会的威信を求めるもの、文化的なもの、商業的なものなどであるが、それは物が最後に人間をもうひとりの人間に直面させる限り、どうでもよい。そのとき、物はひとつのメッセージである。)しかし、ひとつの収集がどのように開かれたものであっても、収集には世界と関係がないという還元不能の要素がある。自分にとってその規則がわからない社会的言説のなかで、収集家が疎外され気化されていると感じているために、彼は自分にとってよくわかる言説の再建を求めるのである。というのは、彼はその言説のなかの意味スルモノを保持しており、またその最終的な意味サレルモノは、結局は彼自身だからである。しかし、彼の失敗は始めからきまっている。彼はこの言説を克服したと考えてはいるが、彼は自分が純粋にまた単純に、開かれた客観的な非連続性を、閉じられた主観的な非連続性へと移行させていることに気付かない。この閉じられた主観的な非連続性においては、彼が用いる言語そのものが、あらゆる一般的な価値を喪失する。したがって、物によるこのような全体化には、つねに孤独のしるしがある。この全体化はコミュニケーションに欠けており、またコミュニケーションはこの全体化に欠けている。さらに、問題は次のように提起される。物はそれ以外の別の言語に構成されるか。人間は物を通して、自分自身に対する言説以外の言語を作れるか。

もしも収集家が、完全な抽象化（錯乱）への退行をいつも何らかの仕方で妨げる物を集めていて、それによってけっして希望のないマニアではないとすれば、彼が収集に関して保持する言説も、同じ理由によって、何らかの貧しさ、幼稚さを越えられない。収集は、つねに限定され回帰するプロセスである。物というその材料そのものは、あまりにも具体的で非連続なので、収集は本当の弁証法的な構造として明示されえない。(16) もしも《何も収集しないひとは愚か者》であるとすれば、収集するひとには、いつでも何か貧しい、非人間的なものがある。

(1) これは葉巻の帯の収集家たちの代表者フォロン氏の意見である。(revue *Liens* du Club français du Livre, mai 1964)

(2) しかし、体系のトートロジー的特徴と結び付いたその失望も同じである。

(3) シリーズはほとんどいつも、関係項のひとつを重視してそれをモデルとする一種の遊びである。子どもがびんの栓を投げる。どれが一番遠くに届くか。結局、いつも同じ栓が一番遠くに届くとすれば、それは偶然ではない。つまり彼はその栓を選んだのだ。彼が作るこのモデル、このヒエラルヒーは彼自身である。彼はびんの栓のひとつに自己を同一化させるのではなく、その栓がいつも勝つという事実に同一化させる。しかし彼はまた、対立物のない関係項としての栓のそれぞれのなかにも存在している。それらの栓をひとつずつ投げることは、勝つものというモデルとして構成されるように、シリーズに構成されようとすることである。収集家の心理はこれによって解明される。特権的な物を収集することによって、つねに先頭に到着するのは、彼という物である。

(4) シリーズのそれぞれの関係項は、この最終項に戻ることができる。それぞれのカロは、《カロを買う》ひとでありうる。

(5) また物は直接に、行動の慣例の結晶点である習慣の網目を支えるものになる。また反対に、物のまわりをまわらないような習慣はおそらく存在しない。物と習慣は、日常生活のなかで解きほぐせないようにからみ合っている。

(6) 掛時計がなくなったことを考えるとわかることだが、腕時計はまた、小さくすることと個人の所有にすることという、現代の物の不可逆的な傾向を示している。
　また腕時計は、個人が持つ機械的なもののなかで最も小さく、最も手近にあり、最も高価なものである。それは親密で、強力に充当された機械的護符であり、日常的な共犯性、魅力（子どもにとって）、嫉妬の対象である。

(7) ここでは正確さが、空間における速度と等価である。時間を最も近いところで食べなくてはならない。

(8) 収集が死とのたわむれ（情熱）であり、この意味において象徴的には死それ自体よりも強いということの興味ある例が、トリスタン・ベルナール〔訳注一一〕の次のような物語のなかにある。或る男が子どもの収集をしていた。つまり、嫡子・庶子・先妻の子・今の妻の子・養子・拾い子・私生児などである。或る日彼は宴会の席にそれらの子どもたちをすべて集めた。そうすると皮肉屋の友人が《ひとり欠けているね》と言った。不安になった収集家が、《どういう子が》とたずねると、その友人は《遺児だよ》と答えた。そのためこの情熱的な男は、妻に子を生ませて自殺したのである。
　テーマ的な要素を失った純粋な状態での同じ体系が、偶然による賭けのなかに再発見される。そのためにこの種の賭けは一層魅力が大きくなる。ここで示されているのは、死のかなたにある純粋なもの、つまり想像的支配の純粋なシリーズを充当する純粋な主観性であり、それには賭けのさまざまな変化の内部そのものにおいて、いかなるものも生と死の真の条件をそこに再導入する力はないという確信が伴っている。

(9) このことは、《室内で飼われる動物》についても、そしてまたそれを拡げて、性的関係の《対象》についてもあてはまる。嫉妬においてのそういう対象の操作は、同じ系列のものである。

(10) 退行的体系とシリーズとの内的な原動力である失望と欠如とを混同してはならない。この欠如についてはすでに述べたが、それはむしろ体系の外側に現れる要素である。失望によって主体は体系のなかに退行し続け、欠如によって主体は世界の方へと(相対的に)進化する。

(11) 極限では髪と足である。そして細部と非人間的なもののなかでずっと退行して行くと、生きた存在とは対蹠的なところで、フェティシズムがひかがみまたはブラジャーのなかに結晶化するものに到達する。われわれはそこに物質的な物を再発見する。この物の所有の特徴は、他者の存在が完全に欠落していることである。

(12) このばあい、情熱がフェティシュに向けられるのはそのためである。フェティシュは、生きている性的な物を、ペニスと等価で、ペニスとして充当される物へと、徹底的に単純化する。

(13) 同様にして、所有による同一化が作用しうるのは、生きた存在が無性のもの(幼児)として感知される限りにおいてである。《そういうときは〈ぼくの〉頭が痛いと言うんだよ》とおとなは幼児に言う。そうすると、《〈ひとは〉〈彼の〉頭が痛い》ということになる。この混乱した同一化は、性化された存在の前では、去勢の不安によって停止される。

(14) シリーズ的な満足と、本来の快楽との区別は本質的である。本来の快楽においては、快楽の快楽のようなものがあり、それによって満足は満足としてそれ自体を乗り越え、ひとつの関係のなかに基礎付けられる。一方、シリーズ的な満足においては、快楽の第二の関係項、満足が満足であると自称する次元がなく、満足は欠け、失望する。満足は継起と関係付けられ、拡がりのなかへ投企され、見つけることのできない全体性を、反復によって補う。そこで、自分が買った本を読むのはやめても、本を買い続けるという現象が見られる。このようにして、反復される性行動、或いは性行動の相手の増加が、愛の発見の目的を無制限に満たしているのが見られる。快楽の快楽はなくなっている。残っているのは満足であって、快楽と満足は互いに排除し合っている。

(15) しかしこのばあいでも、収集家は他人に対しては自分の収集の証人になることしか求めず、すでに作られた主体と対象との関係のなかに、そういう他人を単に第三者として組み入れようとする傾向がある。

(16) これはたとえば学問や記憶の反対である。学問や記憶も収集ではあるが、事実・知識の収集である。

C　メタ機能＝非機能の体系——ガジェットとロボット

これまでは、物をその客観的な体系化（物の配置と雰囲気）のなかで分析し、さらにその主観的体系化（収集）のなかで分析してきたので、今や物のコノテーションの領域、したがって物のイデオロギー的意味作用の領域について問わなくてはならない。

技術のコノテーション——自動性

形式にかかわるコノテーションが、モードにおいて要約できるとすれば[1]、技術にかかわるコノテーションは、**自動性**（automatisme）の一語で定式化できる。自動性は、現代の物の機械的勝利と神話的理想を示す主要な概念である。自動性とは、その特別な機能のなかで絶対的なコノテーションを把握している物である[2]。したがって自動性は、いたるところで技術モデルとして提示され受け取られている。

G・シモンドンの挙げている一例（前掲書二六頁）は、自動性の図式を通しての、このような技術にかかわるコノテーションへの傾向を説明するだろう。厳密な技術的視点から見ると、クランクの始動を省略することによって、自動車の機械的機能は単純ではなくなっている。それはこの機能を、体系の外側にあるバッテリーの電気エネルギーの使用に従属させることによってである。したがって、技術的には包括・抽象化があるが、それは進歩と現代性のしるしとして提示されている。クランクのある自動車は流行遅れであり、クランクのない自動車は現代的である。そういう自動車が現代的であるのは、自動性のコノテーションのせいであって、実際にはそれが構造上の欠陥を隠している。たしかに、クランクがないことは、自動性の欲求を満たすというきわめて現実的なはたらきをしていると言えよう。また自動車を重くしているクロームメッキをした車体の部分と大きな翼は、社会的威信への要求を満たすはたらきをしている。しかしこういう二次的なはたらきは、技術的な物の具体的な構造を犠牲にして行使されることが了解されよう。構造化されていない多くの要素が、エンジンにも自動車のラインにも存続しているのに反して、自動車の製作者は、アクセサリーのなかに数多くある自動装置の使用、もしくは従属・支配（その最も直接的な効果は、物を脆くし、その価格を上げ、物が使用不能になって買い直させることにある）への体系的な依拠を、機械的な完成として提示する。

《機能的》優越性

このようにいたるところで、機械の完全度は自動性の度合と比例するものとして与えられる。ところが、ひとつの機械を自動的にするためには、機能の可能性を犠牲にしなくてはならない。ひとつの実用に使われる物を自動的にするためには、その物を機能の点で同型化して、脆いものにしなくてはならない。自動性は、それ自体では技術的意味作用を持ってはいないが、つねに技術が停止される危険を孕んでいる。ひとつの物は、それが自動化されない限り、改良され、もっと大きな機能的全体へと移行することができる。もしもその物が自動的になれば、その機能は完成されるが、それで終りにもなる。その機能は排他的になる。このようにして、自動性は閉ざされたもの、機能的な反復表現であって、人間を観客のような無責任へと追いやる。それは従属させられた世界の夢、無気力で夢想にふける人間に役立つように、かたちの上で完成された技術の夢である。

今日の技術思想は、こういう傾向を否認する。機械の本当の完成、技術の程度を高めていると言えるような完成、したがって本当の《機能性》は、自動性の増大に対応するのではなく、或る不確定な周辺に対応している。この不確定な周辺によって、機械は外側からの情報を感知できるのである。高度の技術性を持つ機械は、ひとつの開かれた構造である。そして、開かれた機械の全体は、人間を組織者、生きた解釈者であると想定している。しかしたとえこの傾向が高度な技術のレヴェルで否定されても、実際には、物を危険な抽象化の方向に向けるのは、いつでもこのような傾向である。自動性は王であり、自動性による魅惑が大きいのは、それが技術の合理性の魅惑ではないからにほかならない。われわれは自動性を基本的な欲求として、物の想像的真理として体験する。この真理と比べるとき、物の構造と具体的な機能は、われわれの関心をひかない。いつでも存在する、われわれの基本的な願望のことを考えよう。それは《すべてがひとりでに進行する》、それぞれの物が割り当てられた機能を最小の努力で完了するという奇跡への願望である。自動性は、機械の使用者にとっては異常なひとつの不在のようなものであり、またこの使用者が提示する快楽は、別の面では、見られずに見るという快楽である。日常性そのもののなかでの秘密の満足。自動化されたそれぞれの物が、規定された行動の類型へとしばしばわれわれを導いても、それは直接的な要求をふたたび問題にすることはできないだろう。そこでは、自動性への欲求がまず第一に存在している。この欲求は、客観的な実践に先立っている。そしてもしこの欲求に非常に深い根があるために、その形式上の完成の神話が、ほとんど物質的な障害として、技術と必要との開かれた構造化に対立するとすれば、それはこの欲求が、物のなかにわれわれのイメージその

ものとして根付いているからである。(3)

自動化された物は《ひとりでに動く》ので、自動人間の個体と似ており、この魅力が重要である。われわれは新しい擬人論を前にしている。以前には、道具・家具、そして家そのものが、そのかたちや使用のなかに、人間の存在とイメージをはっきりと刻印していた。(4) この結託は、完成された技術的な物のレヴェルで破壊される。しかし、そこには一次的機能の象徴表現ではなく、超構造的な機能の象徴表現が代置される。人間が自動化された物のなかに投影するのは、人間の身ぶり・エネルギー・要求、身体のイメージではなく、人間の意識の自律、その制御力、その固有の個体性、その人格という観念である。それは自動性が結局は物の等価物として示されるところの意識の超機能性である。自動性もまた、物の最良のもの、人格の形式的超越から派生した機能の一種の超越であろうとする。また自動性はこの形式的抽象化によって、構造上の欠陥、防御のメカニズム、客観的な限定を隠す。したがって、完全で自動的なモナド、主観性の指導的な夢は、物につきまとっている夢でもある。今日、物は素朴なアニミズムと、あまりにも人間的な意味作用から離脱しており、物がその現代的な神話のもろもろの要素を見出すのは、(個人の意識の絶対的な形式的自律を、技術的な物に投影することを通しての)技術的な要求そのものにおいてである。そして、物がたどることをやめない道のひとつである自動性は、つねに形式的本質のなかでの人間の超意味作用の自動性、無意識的欲求の自動性である。そしてそのことによってこの自動性は、その具体的な構造的目的性、《生活を変える》その可能性と、執拗にまたおそらくは回復できないほどに矛盾している。

逆に、人間は実践活動の流動的で開かれた構造化を目ざさないで、自分の持っている物を自動化し、その機能を多重にすることによって、技術社会のなかで自分自身が把握している意味作用を、何らかの仕方で明らかにする。それは何でもできる最も美しい物の意味作用、道具モデルの意味作用である。

この意味で、自動性と人間化はまったく矛盾するものではない。自動性は、物のレヴェルで夢見られる人間化にすぎない。それは非本質的なもの、周辺での分化の最も完成された、最も高度なかたちである。この非本質的なもの、周辺での分化から、物に対する人間の、人間化された関係が機能するのである。(5)

機能の逸脱——ガジェット

自動性はそれ自体では、技術のひとつの偏向にすぎない。しかしそれは機能的錯乱の全世界へと開かれている。換言すると、非合理な包括関係、細部の偏執、異様な技術性、根拠のない形式主義が作用している、作られた物の全領域へと開かれている。このような多元的=周辺的=超越的=メタ機能の地帯では、物は客観的に規定されることはなく、今度は想像的なものによってすっかり把握される。意識のイメージは自動性のなかに非合理な仕方で投影されていた。この《分裂=機能的な》世界のなかには、もはや純粋で単純な偏執しか存在しない。ここで書かれなくてはならないのは、物のパタフィジック、つまり想像的な技術解決の理論であろう。

物における構造的なものは何か、非構造的なものは何か、物のなかで技術的な物は何か、アクセサリー・ガジェット・形式的指標とは何かといった問を、われわれのまわりにある物に対して提示するならば、われわれは新しい技術環境のなかにあって、きわめてレトリック的・アレゴリー的な雰囲気のなかで生活していることが認められよう。またバロックには、アレゴリーへの偏愛、形式の反復表現と素材のトリックとによる言説の新しい個人主義、創造神的な形式主義が伴っているが、現代という時代を本当に始めているのはそういうバロック的なものである。そしてそれは芸術の面に、細部と運動との形式上の発作を含んで、技術時代のすべてのテーマと神話を要約することによってである。

このレヴェルでは、物の技術的均衡は破られる。多くの付随的な機能が発達するが、そこでは物はもはや機能の必要、機能への盲信にしか従わない。どのような操作に関しても、ひとつの可能な物があり、また、なくてはならない。もしそういう物がなければ、作らなくてはならない。レピーヌ・コンクールでのアクセサリーのすべてがそれであって、このコンクールでは新しい物は作られず、技術の固定形式を単に組み合わせるだけで、極度に特殊化され、完全に役立たない機能を持った物が明示される。目標とされる機能はきわめて明確であるから、それはひとつの口実でしかありえない。事実、それらの物は主観的に機能的、つまり偏執的である。そして《美的》という逆の歩みは、機能を除去して純粋なメカニズムの美を高めるが、同じことに帰着する。なぜなら、レピーヌ・コンクールに出品する発明家たちにとっては、太陽エネルギーの利用によって卵のからが割れたという事実や、それに類したばかげた成功は、偏執的な操作・観照に対するアリバイにほかならないからである。他のあらゆる偏執と同じように、この偏執も詩的な性質を帯びることができる。われわれはこういう詩的な性質を、ピカビアの機械、ティンゲリー〔訳注一二〕の機械装置、使えなくなった腕時計の簡単な歯車、或いは何に使うのか忘れられ、そのメカニズムが与えた魅惑しか残っていないようなすべての物のなかに多かれ少なかれ感知する。何にも役立たないものは、つねにわれわれにとって役に立ちうる。

にせの機能性——何とかいう物

ひとつの概念が、空転するこの機能主義を要約している。それは、何とかいう物（machin）の概念である。すべての《何とかいう物》には操作的な力が与えられてある。もしも機械がその名称によって機能を変化させるとすれば、《何とかいう物》の方は、機能のパラディグムのなかで、不確定な関係項として留まっており、そこには《名のないもの》、もしくは名付けられないものという軽蔑のニュアンスがある。（それは物の不道徳性であって、その物がこの不道徳性をどのように明確に用いているかはわからない。）しかし、この何とかいう物は機能している。流動するかっこ、機能から分離した物、《何とかいう物》《あれ》が理解させるものは、限界のない、あいまいな機能性である。それはむしろ想像上の機能性の心的なイメージである。

偏執的な多機能性の全領域を秩序付けることは不可能である。これはマルセル・エメの《ヴィスタンボワール》の領域である。ヴィスタンボワールが何であるか誰も知らないが、ただそれがかならず何かに役立つことだけがわかっている。それはルクセンブルク放送の《物あてクイズ》という番組にまで行きつく。この番組は、続けて出される質問に答えて多数の聴衆が何かつまらない物（特にあることにしか役立たない、舞台裏のトロンボーンの底にある特殊合金の冷たい薄板など）の名前を当てるものである。日曜大工の仕事から、ジェームズ・ボンドが使う超ガジェットが、奇跡の博物館全体に展示されている。その結果として、物とガジェットを生産する産業の巨大な努力へと到達する。また、偏執的なその特殊化という点では、何物にもひけをとらない日常的な《何とかいう物》から、ブリコラージをするひとたちの、古き良きバロック的想像力へと到達する。なぜならば、皿にさわらないでも汚れを落とせる超音波皿洗い機、九段階で焼けるトースター、カクテルをシェークする機械さじについて、どう言えばよいのか。以前には、魅力のある風変りなこと、個人のノイローゼだったものが、シリーズと産業との段階では、細部によって不安になるか興奮した精神の、日常的でたえまない構造破壊になる。

もしわれわれが、《何とかいう物》という資格を与えられうるあらゆるものを考えるならば、この空虚な概念に依存する物が多いのに驚くであろう。われわれは、そういう物の技術的な細部の増殖が、われわれおのおのにとって、大きな概念上の欠陥を伴っていることを認めるだろう。またわれわれの言語は、われわれが当然のように使っている物の構造と機能的分節を示すには非常に遅れているという欠陥があることも認めるだろう。われわれの文明では、物はしだいに多くなるのに、それを示すことばはだんだん少なくなっている。もしも《機械》が、種類を示す明確な用語になっているとすれば（今まではそうではなかったのであって、一八世紀末でも機械は今日の《何とかいう物》と同じ意味だった）、それが社会労働の領域に移行するにつれて、《何とかいう物》は特殊化し、いかなる集団的要求にも応じないので、定式化を免れ、神話のなかに落ちこむすべてのものを包含する。もしも《機械》が機能的な

《ラング》の領域に依存するとすれば、《何とかいう物》は主観的な《パロール》の領域に依存する。このようなことばにならない物（或いは、新語や言いかえでは表現しにくい物）が増加している文明では、物がこまかいところまで知られて名前を与えられている文明よりも、神話に対するわれわれの抵抗はずっと弱いのだと言ってみてもむだである。今日のわれわれはG・フリードマンのいう《日曜運転手》の世界にいる。彼らはエンジンのことなど調べたことはなく、また彼らにとっては、物は機能するという機能だけではなく、機能するという神秘も持っている。

　われわれの環境、そしてまたその結果としてわれわれの日常の世界観が、大部分は機能的な模擬物であることを認めるならば、どのような盲信が概念にかかわるこの欠陥を延長し、またそれを補っているかを問わなくてはならない。物の機能的な神秘とは何か。それは機械としての世界、普遍的な機械的なものの、あいまいではあるが執拗な偏執である。機械と何とかいう物とは互いに排除する。機械は完成されたかたちではなく、何とかいう物は下落したかたちではない。両者は異なった系列のものである。前者は実在する操作体であり、後者は想像上の操作体である。機械はこの操作体を構造化することによって、実在する実践の全体を意味表示する。何とかいう物は形式的な操作しか意味しないが、しかしそれは世界の全体的な操作である。何とかいう物の力は、現実世界では取るに足りないとしても(6)、想像世界では普遍的である。果物の種を電気で取り出すこの小さな道具、たんすの上を掃除するための、掃除機の新しい付属品は、おそらく本質的には非常に役立つというものではないだろう。そういう物が満足させるのは、どんな要求についてもひとつの機械による処理が可能だという信念、またあらゆる実際の問題は（そして心理的問題も）、技術的・合理的で、適応した物、それも絶対に適応した物――何に対して適応するのか――によってあらかじめ予見され、予告され、解決されているという信念である。このばあい、その物が何に適応するかは問題ではなく、肝心なのは世界があらかじめ《操作されたもの》として与えられてあるということである。だから、《何とかいう物》の本当の意味サレルモノは、プラムの種でもたんすの上の部分でもなく、現実の技術原理によって作り直された自然の全体、自動装置で動く自然の全体的な模擬物である。ここにその神話と神秘がある。そして、あらゆる神話と同じように、この神話にも二つの面がある。もしもそれが人間を機能的な夢のなかに組みこむことによって人間を神秘化するとすれば、それはまた非合理な人間的な規定のなかに物を組みこむことによって、物も神秘化する。人間的、あまりにも人間的なものと、機能的、あまりにも機能的なものとのあいだには深い結合関係がある。技術的目的性が人間世界に浸透することは、良きにつけ悪しきにつけ、つねに同時に、人間的目的性が技術に浸透することである。またわれわれは、技術が不合理な、そして全体化する仕方で介入して来たために、人間関係が混乱していることを感じている。しかし人間的なものが、不合理にそして全体化する仕方で介入することによって、技術の発達が混乱することについてはそれほど感じていない。しかし、あらゆる機械の背後にあって《何とかいう物》の養分になっているもの、つまり、あらゆる具体的な機能する実用品の背後にあって、機能する幻想をあらわすようにしているものは、人間の不合理とその幻想である。

何とかいう物の本当の機能性は無意識の領域にある。何とかいう物の魅力はそこに由来する。もしも何とかいう物が絶対に機能的で、絶対に適応するものであるとすれば——しかし、何に適応するのか——それはその何とかいう物が、実践ではないほかの要求に対して機能し、適応しているからである。世界の奇跡的な機能性の神話は、身体の奇跡的な機能性の幻想とたがいにかかわっている。世界を技術の立場から処理する図式は、主体が性的に完全になって行く図式と結び付いている。この意味では、何とかいう物、そのなかでも特に道具は、基本的には男根の代理、つまり特にすぐれた機能の操作媒体である。どんな物でもいく分かは何とかいう物である。そういう物の実用的な道具性がなくなるにつれて、それに対してリビドー的な道具性を与えることができる。子どものおもちゃ、《原始人》にとっての石とか木片、《未開人》の眼にはフェティシュになる一番安い万年筆、別の用途に使われる機械装置、《文明人》にとっての古い物などが、すでにこのばあいにあてはまる。

どんな物においても、現実原則はつねにかっこに入れることができる。物が心的な実用へと移行されるためには、具体的な実用がなくなれば十分である。簡単に言うならば、それぞれの実在する物の背後に、夢見られる物がある。

私はこのことをすでに古い物について論じた。しかしそういう古い物に関しては、超越、或いは心的な抽象化は、誕生という退行的なコンプレックスと結び付いた、材料とかたちの超越・抽象化であったのに対して、偽=機能的な物、《何とかいう物》は、機能という抽象的な超越と結び付き、またそれによって、力の投影的・男根的コンプレックスと結び付いている。ここにはふたたび分析のための区別がある。なぜなら、もしも物が一般的にはひとつのはっきりした実在する機能しか持っていないとしても、その《心的な》機能性には限界がなく、あらゆる幻想がそこで存在しうるからである。しかし、物にある想像的なものの発展は、アニミックな構造からエネルギー的な構造への移行のなかに示されている。伝統的な物は、むしろわれわれの存在の証人、われわれの身体器官の静的な象徴であった。技術的な物は、それが潜在的なエネルギーにかかわるという点で別の魅力を行使しており、そのためにもはやわれわれの存在を受け入れるものではなくなって、われわれ自身の動的なイメージを保持するものになる。ここでもまたニュアンスを付ける必要があるだろう。というのは、最も現代的な装置のエネルギー的なものそれ自体が、そういう装置のかたちが包まれ、省略されることによって、人目につかないものになるからである。コミュニケーションと情報の世界では、エネルギーはめったにおもてに見えない。行動のミニチュア化・欠乏が象徴的明証性を除去する。(7) しかし、物は時には人間の実用の管理から免れても、想像的なものから免れないことを確認しておこう。想像的なもののあり方は、技術の発達のあり方に従う。そして、技術効果の未来でのあり方は、それもまた新たな想像的なものを惹起するだろう。そのもろもろの側面は、まだはっきりとは見られない。しかしおそらく、アニミスティックな想像的なものの構造と、エネルギー的な想像的なものの構造のあとは、サイバネティックスの想像的なものの構造を研究しなくてはならないだろう。このサイバネティックスの想像的なものの焦点になる神話は、もはや絶対的な有機体主義の神話でも、絶対的な機能主義の神話でもなく、世界の絶対的な相互関係性の神話であろう。さしあたって、日常の環境はここに述べた三つのあり方のあいだで、不均衡な割合で分かれている。古い食器棚と自動車とテープレコーダーが同じ円環のなかで共存している。しかしそれらの物は、技術的な存在のあり方においても、想像的な存在のあり方においても非常に異なっている。

いずれにしても、物の機能がどのようなものであっても、われわれはそれを**われわれの**機能として経験する。その効果のあり方がどのようなものであっても、たとえその効果が《何とかいう物》のばあいのように不合理でも、われわれは自分自身をその効果のなかに投影する。その効果が不合理なばあいに、特にそうなる。それが、《いつでも役に立ちます》という、魔術的であると同時に喜劇的な周知の言い方である。もしも物が時折り、まさに何かに役立つとしても、それはすべてのことに役立ち、また何にも役立たないばあいの方がもっと多い。そうするとそれはもっと深い意味で《いつも役立ちます》ということになる。

メタ機能性――ロボット

このような想像的な投影の極限にあるのが、SFで夢見られる物であって、それは純粋な《何とかいう物》の王国である。われわれはSFにおいて日常世界から離れると考える必要はない。なぜならSFは、自由な創作による不合理な傾向を持った、日常生活の極在化にすぎないからである。SFは、物の文明についての本質的な証言である。というのはSFはこの文明のいくつかの側面を非難しているからである。しかしSFには予言としての価値はない。SFは、技術発達の真の未来とは何の関係もなく、高度の復古主義と、獲得した多くの形式・機能によっておのれを養っている、いわば技術発達の前未来形にすぎない。SFには構造上の創作はほとんどなく、類型的でしばしば周辺的で、またアブラカダブラ的な要求と機能とに対する想像上の解決が埋まっている無尽蔵の鉱脈である。実際、SFは最高のブリコラージである。しかし、たとえ開発の実際上の価値は貧しいとしても、無意識の領域での資料のためには、非常に豊かな源泉である。

SFは特に、最も不合理なとは言わないまでも、最も深い現代の物についての願望であると認められているもの、つまり自動機械を描いている。要するにSFが創り出したものは、物を越えた物、ロボットにほかならない。日曜日に、人間は芝刈機を動かす必要さえなくなり、それはひとりでに動いて止まるだろう。物にとっての可能な運命はそれだけだろうか。実際の機能では、どうしても自動化へと進んで行く、物に示されたこの道は、人間の未来の技術とよりも、現在における人間の心理的規定との関係の方が強い。(しかし自動装置は、子どもが想像するような、《自発的な》自己創造の完全な模倣まで進むだろう――たとえばコーヒー挽き機がミニコーヒー挽き機を作るように。[8])この意味でロボットの神話は、物の領域のなかでの、無意識のすべての道を要約している。それは同時に人間と世界との象徴的な小宇宙である。つまりロボットは、同時に人間と世界との代理になっている。それは絶対的な機能性と絶対的な擬人論との綜合である。家庭電気器具(《ロボット・マリー》)はその先駆者である。このため、結局のところロボットは想像的なものの素朴な局面が神話として到達したものにほかならない。それは続いていて目に見える機能性の投影という局面である。というのは、代置は目に見えなくてはならないからである。もしもロボットが、機械的な人工補綴というその性質(ロボットの体は金属であり、その行動は非連続的で、ぎくしゃくして、非人間的である)をはっきりと示しているとすれば、それはまったく安全な状態で魅力を発揮するためである。もしもロボットが、行動の柔軟さというところまで人間の分身であれば、それは不安を呼びおこすだろう。ロボットがロボットとして存在すべきあり方は、同時にすべて機能化され、人間化され、したがってあらゆる面で安心感を与える世界の象徴である。この世界では、人間の抽象的な力が、同一化のなかに消失せず、極限まで具体化されるのである。[9]

したがって、もしもロボットが無意識にとってすべての物を要約する理想的な物であるとすれば、それは単にロボットが機能効果の点で人間の模擬物であるだけではなく、そうでありながらも、人間の分身になりうるほどには完全な模擬物ではないからであり、人間でありながら物であることがはっきり見えていて、したがってロボットは奴隷だからである。要するに、ロボットはいつも奴隷である。ロボットはどんな性質でも持てるが、人間に支配力を与えている性だけが欠けている。ロボットがその魅力と象徴的な価値を行使するのはこの限界内においてである。ロボットは、その多機能性によって、世界に対する人間の男根的支配を保証する。しかしそれと同時にロボットは、管理され、抑制され、支配され、性を奪われているので、この男根が奴隷であり、性が飼いならされて不安のないものであることも保証している。残っているのは、私に似ていて、世界を従属させているが、しかし私に従属している、服従的で、(もし言えるとすれば)具体化された機能性だけである。ロボットは、私の姿に似た全能の奴隷の部分として誇ることのできる、私自身のこの脅威を与える部分を遠ざけている。

それぞれの物をロボットの段階にまで押しやる傾向がどこに由来するかをわれわれは知っている。その段階において、物は無意識的なその心理機能を完成させる。そこでまた物は終りにもなる。なぜならロボットは進化しえないからである。ロボットは人間と似た状態とあらゆる代価を払っての機能的抽象とのなかで固定されている。ロボットはまた能動的な生殖する性の終りでもある。というのは、ロボットのなかに投影された性は、そこで中性化され、動かなくされ、避けられ、それが固定化する物のなかで固定化されてしまうからである。ナルシス的な抽象化。SFの世界は性のない世界である。

　ロボットはまた別の意味でも興味がある。ロボットは物の神話的終末であるから、ロボットには、人間と環境との深い関係のなかに数多く存在するすべての幻想が集められている。

　もしもロボットが奴隷であるとするならば、奴隷というテーマは、魔法使いの弟子の伝説のばあいまで、反抗のテーマといつも結び付いている。ロボットの反抗にはいろいろなやり方があるが、SFでは珍らしいことではない。ロボットの反抗はSFのなかにいつも潜在的に存在している。ロボットは、善良であると同時に信用の置けない奴隷のようなものである。鎖につないでおくと、力としては非常に役立つが、鎖からときはなされたときの力としては始末におえない。ところで人間には、あの魔法使いの弟子のように、自分に似せて望むか、鎖をつけたこの力のよみがえりを恐れる十分な理由がある。なぜならこの力は、彼のところに戻って来て、彼が不安に思う、彼自身の性だからである。性は、解放され、鎖をとかれ、反抗することによって、人間の宿敵になる。このことは、ロボットが多様に、また予知しがたい状態で急に変化すること、ロボットの不吉な突然変異、或いは単にいつも起こりうるこの激しい変転の不安、そういったものによって示されている。そうすると人間は、彼自身の最も深い力に直面し、自分の分身と対決していることがわかる。この分身は人間自身のエネルギーを与えられていて、伝説のなかでは、それが現れると人間は死ぬことになっている。従属していた男根エネルギーが反抗して立ち上がるということが、ロボットたちの機械的な不吉の意味である（雰囲気の機能的乱調を意味しているが）。

こういうばあい、ロボットが登場するSFでは二つの解決がある。ひとつは、人間が《悪い》力を屈服させて、《道徳》の秩序のなかへ完全に戻ることであり、もうひとつは、ロボットに具体化されている力がそれ自体を破壊して、自動機械を自殺させてしまうことである。調子が狂ったロボットという主題、ロボットの自己破壊という主題もSFにはしばしばあり、ロボットの反抗と関連している。物、そして絶対的な物の秘密の黙示録が、読者の情熱を養っている。こういう思いがけないできごとを、科学の悪魔的特徴に対する道徳的非難と結び付けたくなるかもしれない。技術はそれ自体の消滅へと向かうので、人間は善良な性質に戻るというわけである。こういう道徳的な主題は、たしかに虚構の物語のなかでは積極的に働いてはいるが、それはあまりにも素朴であり、それと同時にあまりにも合理的である。道徳が誰かにとって魅力があったということはない。ロボットの破壊をわれわれは期待しているが、それが破壊されるとわれわれは奇妙な安心感を与えられる。それは道徳の束縛というよりは、儀礼的な崩壊のこの幻想の反復を求める、ひとつの基本的な欲求である。この崩壊において、物の機能的な勝利が頂点に達しているのである。そこには死の楽しい光景があり、もしもわれわれが、ロボットが奴隷化された性の象徴であることを認めるならば、われわれはまた、ロボットの崩壊は人間にとってはおのれの性の風化を象徴する光景であることも認める。人間は自分の性をおのれに似せて奴隷化したあと、それを破壊する。フロイトの理論の帰結を最後まで押し進めると、狂った技術が具体化されたものを通して、人間は自分自身の死という本来の事件をここで祝っているのではないか、不安から逃れるために性を捨てるのではないかと問うことができる。

非常に流行している現象が、SFにおけるこのような大きなできごとにわれわれを近付ける。それは、物の《自殺》または殺害ということである。こういう《できごと》《ハプニング》は、物を破壊し下落させる底抜けの大騒ぎ、満ち足りたひとつの文明全体が、その全面的な堕落と死を祝ういけにえの行事という特徴を持っている。アメリカでは、新しいやり方が何らかの仕方で事物を商品化した。歯車・連結棒・トランスミッションなどのある、何の機能もしない、実物の宝石で作られた奇妙な機械が売れている。この機械は、何時間か動いたあと、突然しかも決定的にひとりでに壊れる。こういう物が相互に贈られ、その物の欠点・消滅・死が友人間のお祝いの契機になる。

これほど極端ではないにせよ、今日ではいくつかの物に一種の運命が具体化されている。自動車は、ここでもまだ特権的な役割を演じている。人間は利害の両面で自動車とかかわっている。人間は自動車からサーヴィスを受けてはいるが、一種の運命をも受け取り、おそらくそれを期待している。たとえば映画では、自動車事故の死は、儀礼的な表現になっている。

技術の変化

このようにして、技術それ自体から生まれた、機能にかかわる神話を、一種の運命にまでたどることができる。この運命においては、世界を支配するこの技術が、転倒し脅威を持った目的性として結晶するだろう。この点においてわれわれは次のことをしなくてはならない。

(1) 物の脆さ、物の欠陥の問題を再提出すること。物はまず第一に安心感を与えるものとして、神経症的でさえあるほどに均衡を与える要因としてわれわれに提示されるとしても、物はまたたえず失望を与える要因でもある。

(2) 生産の秩序と、技術計画そのものとにおいて、目的と手段の合理性があるという、社会が暗黙のうちに了解している仮定を疑問視すること。

ここには、物の非機能性・反目的性と競合する二つの側面がある。すなわち、生産という社会・経済的な体系と、投企という心理的な体系である。この二つの体系の相互的な包含関係、両者の結合を規定しなくてはならない。

技術社会は、根強いひとつの神話を養分としている。それは、技術はたえず進歩するが、人間は道徳の点ではこの技術に《遅れている》という神話である。この二つの側面はつながっている。道徳の《停滞》は技術の進歩を変形させ、ただひとつの確実な価値である技術の進歩を、われわれの社会の決定的な要請にしてしまう。それと同時に、生産の秩序が無罪であることがわかる。道徳の矛盾に守られて、ひとびとは本当の矛盾を避けている。それはまさに、現実の生産体系は、実際の技術の進歩において作動していると同時に、それと対立もしているという矛盾である。(そしてまたそのことによって、社会関係の再構造化とも対立している。) 技術・生産・消費が理想的に集まっているという神話は、政治と経済にかかわるすべての反目的性を隠している。技術と物の体系を作った人間の相互関係の体系が、動かなくなったり後退しているときに、技術と物の体系の方だけが調和して進歩するなどということがどうして可能だろうか。人間と技術、必要と物とは、良くても悪くても、相互的に構造化されている。同じひとつの文明圏のなかでは、個人・社会の構造と、技術・機能の様相とに連関があるということは法則のようなものである。それはわれわれの技術社会においても同じである。技術と物とは、人間と同じ隷属に苦しんでいる。具体的な構造化のプロセス、したがって技術の客観的な発達のプロセスは、人間関係の具体的社会化のプロセス、したがって社会の客観的な発達のプロセスと同じ障害、同じ逸脱、同じ退行で苦しんでいる。

物に癌ができている。物を勝利させる、この非構造的な要素の増殖は、一種の癌である。ところが、(自動機械・付属品、本質的でない差異といった)非構造的な要素に基づいて、流行と方向付けられた消費とのすべての社会的回路が作られるのである。[10] 技術の発達は、このような非構造的な要素のところで止まる傾向がある。こういう非構造的な要素のなかで、すぐれた健康のあらゆる変化を示すというロ実のもとで、すでに満ち足りた物が、明らかな痙攣と急速な変化のなかで消滅する。ルイス・マンフォードは次のように書いている。《技術の見地からすると、形態と様式の変化は未成熟の証拠である。そういう変化は移行期を示している。しかし資本主義はこういう移行期を永続する時代にしてしまった[11]》(『技術と文明』三四一頁)。そしてマンフォードは次のような例を挙げている。すなわちアメリカでは、自動車・飛行機・冷蔵庫・テレビなどが作られた一九一〇年から一九四〇年までの輝かしい時代のあとは、実際には新しい発明はなくなった。改善・改良・調整といった物の優位はあるが、構造的に新しいものは何もない。マンフォードは次のようにも書いている。《機械がもっと完全に発達するのを妨げている主な原因は、好みと流行が浪費と商業上の利潤とに結び付いていることである》(三〇三頁)。実際に、一方では細かい点での改良、複雑にすること、(安全やぜいたくのための)付属品が《進歩》というにせの意識を維持しており、緊急を要する本質的な改良を隠している。(このことは、物の《修正主義》と呼べるかもしれない。)他方、第二次体系の無秩序な増殖を伴っている流行は、偶然の領域にあり、そのためにまたかたちの無限定な領域に、したがって最大の商業市場の開拓領域に属している。技術という縦の線と、利益追求という横の線とのあいだ、技術開発のたえまない進歩と、生産の目的性にそった物の体系、反復させるかたちの閉鎖とのあいだには、根本的な対立がある。

ここに、人間関係の代理という役割への物の適性が現れる。具体的な機能をするとき、物は実際の問題に対する解決である。物はその非本質的な側面においては、社会的または心理的な葛藤に対する解決である。これが動機付けの探求の予言者であるエルンスト・ディヒターの、物についての現代《哲学》である。この哲学は、いかなる緊張感も、個人・集団の葛藤も、物によって解決されなくてはならないと主張する(『欲望の戦略』八一頁)。一年のどの日にも、その日のための聖人があるとすれば、どの問題にもひとつの物がある。一切は、良いときをねらって物を作り、それを投げることに尽きる。ディヒターが理想的な解決を考えているところで、ルイス・マンフォードは欠点による解決を考えているが、後者の方が正当である。しかし、人間相互の葛藤に対する代理としての物と技術という考え方では同じであって、マンフォードはこれを批判という立場でひとつの文明全体に拡大して考えているのである。《機械の機構が、効果的な社会機構または健康な生物的適応に対する、暫定的で費用のかかる代理であることがしばしばある》(二四四頁)。《機械は何らかの仕方で社会的非効果性に制裁を加えてきた》(二四五頁)。《われわれの文明においては、機械は力と人間的秩序のしるしではなく、しばしば不適応と社会的麻痺とを示している》(三六六頁)。

ひとつの社会全体にとって、技術のなかで葛藤と真に必要なものという分裂から生ずる総赤字を算出することは困難である。この分裂それ自体が、流行と強制された消費とに従属している。この赤字は巨額である。自動車を例にとると、自動車が、空間を支配していることと、いくつかの技術が構造的に集中していることとによって、人間関係の再構築のための驚くべき道具になりうるかどうか今のところはほとんど考えることができない。或いは、すでに早い時期から、自動車には所有者の社会的地位の高さを示すこととか、便利であるとか、無意識の投影といった、本来のものではない寄生的な機能がある。そういう機能のために、人間的な綜合という自動車の機能が遅れ、やがて閉ざされてしまった。今では、自動車はまったく停滞した物である。自動車は、交通機関という社会機能をしだいに失って、古いやり方のなかにこの機能を閉じこめた。そのことによって自動車は非常にかたちを変え、改良され、変貌している。ただしそれは獲得した構造という、破ることのできない限界のなかにおいてである。ひとつの文明全体が、自動車の段階で止まってしまうことが起こりうる。

進歩について、競合する三つのレヴェルを区別するならば次のようになる。

(1)物の技術的構造化。もろもろの機能の集約・統合・具体化・節約。
(2)世界と自然との並行した構造化。征服された空間、制御されるエネルギー、使われる材料。しだいに情報を与えられ、また相互に関係する世界。
(3)個人と集団との人間的実践を《相互性》へと構造化すること。しだいに大きくなる動的性質、開かれた統合、最も進んだ技術が作る物の社会と似た社会の《節約》。

これらの面のそれぞれに固有の力学によるズレにもかかわらず、結局のところ進歩はこの三つの面で同時に停滞し、止まってしまうことが認められる。技術が作る物は、獲得された結果のところでひとたび動かなくなると（第二の面——自動車のばあいは空間に対する部分的勝利）、この固定された構造をコノートするだけで満足する。この固定された構造の方へと、あらゆる系列の主観的な動機付けが逆流する（第三の面への退行）。そのときに、たとえば自動車は技術が作る物の力動性を失うことによって（第一の面への退行）、家との固定された相互補足の関係に入る。家と自動車は閉じられたひとつの体系を作るが、この体系には型にはまった人間的意味作用が与えられている。そして自動車は、関係・交換の要因ではなくなって、実際のところ、純粋な消費の対象になる。《技術の古い形式が、新しい技術による節約を阻害してきただけではなく、新しい発明はしばしば古い系列に属する構造を維持し、改良し、安定させるのに役立ってきた》（マンフォード、二三六頁）。自動車はもはや人間相互のあいだにある障害を除去せず、人間が自分たちを分離させるものを自動車に与えている。征服された空間は、征服すべき障害よりももっと重大な障害になっている。(12)

技術と無意識的体系

しかし、かたちと技術のこの相対的な停滞の根源、この体系的な赤字の根源において（もっともこういう停滞・赤字について、私は《モデルとシリーズ》のところで、社会的統合の面での非常に大きな効果性を検証しておいた）、生産の系列にかかわる独裁以外の何か、絶対的に疎外する審級以外の何かがないのかを問わなくてはならない。換言すれば、物の発達が遅れているとすれば、それはマンフォードのいう《社会的な偶発事件》であろうか。（もしも人間には《罪がなく》、生産の系列だけが技術の劣った状態に責任があるものとすれば、そこにはひとつの偶発事件、説明のつかない矛盾があることになろう。それは逆のばあいに、技術の《進歩》と道徳の《遅れ》というブルジョワ的な作り話がそうであるのと同じである。）実際、偶発事件というものはなく、物の体系を通して社会秩序と構造的に結び付いた生産の秩序によって、ひとつの社会全体を体系的に開発することを最も重視すべきであるとするならば——しかし、この体系の永続性と不変性を前にすると、生産のこの集合的な秩序と、たとえ無意識的でも必要なものの個人的な秩序とのあいだに衝突がないと考えることは不可能である——それはひとつの共謀、つまり否定的な共犯という狭い関係、或いは社会＝経済の体系の非機能性と無意識的な体系の深い介入であって、そのことはロボットの分析のなかで明らかになったものである。

もしもコノテーションと人格化、流行と自動機械が非構造的な要素へと集中するならば——この非構造的な要素を生産が占有して、その非合理的な動機付けを体系化する——それはまたおそらく人間には投影という古い構造を越えようとする意志も可能性もないからであろう。また少なくとも、主観的・投影的な潜在性を犠牲にすることに対する深い抵抗と、そういう潜在性の無限定な反復が現れ、具体的な構造変革（それは技術の変革であると同時に社会の変革である）が生ずるからでもあろう。もっと簡単に言うならば、必要という偶然の目的性のかわりに合理性を代置することに対する深い抵抗があるからである。おそらくそこには物の存在のあり方、社会そのものの存在のあり方の運命的な激変がある。技術革新の或る段階から、また基本的な必要が満たされる限りにおいて、おそらくわれわれは物の幻想的・アレゴリー的・下意識的な食用性ではないにせよ、その真の機能性を必要としている。なぜ自動車にはほかの形態がないのか。（通過すべき空間を効果的に使用者が経験できるように、前方にある座席、くっきりした線。家の代用品ではなく、投射する力に取りつかれている主体の代用物でもない。）今日の自動車のかたちは、競争用の自動車において美化されている。競争用の自動車のボンネットは異様に長く、絶対的な典型として通用し、本質的な投影を可能にしている。このことは実際のところ、移動の技術の進歩よりも重要なことではないだろうか。

おそらく人間には、この無意識の言説を世界に課し、それによって世界の発展を止めることが必要である。この方向でもっと先まで行かなくてはならない。最も執拗な欲求が結晶化するように見えるこれらの非構造的要素が、単に並行的な機能、錯綜、過度の負担であるだけでなく、客観的な構造的秩序と比べるならば、まさに非機能・欠陥・錯誤でもあるとするならば、また、もしもひとつの文明全体が、その構造の現実的な転回からは外れているように見え、またそれらのすべてが偶然ではないとすれば、人間は事実上自分自身のイメージを隠している機能の浪費（《人間化された豊富さ》）の神話の背後に、世界の増大しつつある機能性へよりも、むしろ非機能性の方へ向かっているのではないかと問えるだろう。人間は非機能の運動の準備をしているのではないだろうか。この運動は、われわれの環境を徐々に物の世界に、つまりイボのように増えて固まり、物が人間化するにつれて失望させられ、また失望を与えるように物の世界に変えてしまうのである。

これまでわれわれにとって物の決定的な次元、主観的な次元と思われたものは、ここでは一層強力になる。そのことは、意識された社会的・心理的な葛藤のレヴェルにおいてよりも、無意識的な葛藤のレヴェルにおいて妥当する。意識された社会的・心理的な葛藤は、E・ディヒターとルイス・マンフォードが記述しているものであって、彼らによれば、技術を用いること、そしてもっと単純に言えば物の消費が、派生的な役割、想像上の解決の役割を演じているのである。人間と世界のあいだで、技術は効果的な媒体になりうる。しかしそれは最も困難な方法である。最も容易な方法は、物の体系という方法である。この方法はあらゆる領域のさまざまな矛盾に対する想像上の解決として介入して来るものであり、いわば技術の領域と個人の必要の領域を短絡する。これは二つの体系のエネルギーが消尽する短絡である。しかしそのばあい、そこから生ずる物の体系に欠点があることは驚くに足りない。この構造的欠陥は、物の体系がその明白な解決になっているところの、もろもろの矛盾の反映にすぎない。一定の葛藤に対する個人または集団のアリバイとして、物の体系はそれらの葛藤を拒否しているというしるしを提示することしかできない。

しかし、どのような葛藤なのか。また、それらの葛藤は何のアリバイになっているのか。人間はその未来のすべてを、外側にある自然エネルギーと、内側にあるリビドーのエネルギーとを同時に使用することに賭けた。この二つのエネルギーは、いずれも脅威と運命として感知されているものである。物の体系にある無意識の経済は、介在する能率によるリビドーの投影と馴化（または管理）の装置の経済である。これは、自然の支配と財の生産という並行した利益である。ただしこの賞賛すべき経済は、人間の領域に対しては二重の危機を含んでいる。(1)性が何らかの仕方で遠ざけられ技術の領域のなかに閉鎖されるという危機。(2)この技術の領域が、逆に、その発展の途中で充当される葛藤のエネルギーによって混乱するという危機。そこには、解決できない矛盾の要素、慢性になった欠陥の要素がある。つまり、今日機能しているような物の体系は、この退行への同意のつねに存在している潜在性を構成している。この潜在性は、性を終らせようとする誘いであり、技術の領域の回復と、その領域のたえまない前方への逃走のなかへの、性の決定的な償却の誘いである。

実際には、技術の領域はいつもそれ固有の原動力を保持している。この原動力は、本当に死をもたらすような完全な退行体系が限りもなく復活するのを妨げる。しかしその前提はわれわれの物の体系のなかにあり、進歩の機会とつねに共存しつつ、退行への誘惑がそこにつきまとっている。

性の不安の解決のために、死と呼ぶべきものへと退行する誘惑は、あいかわらず技術の領域の枠のなかにおいてではあるが、最も目立ち、最も残酷なかたちを取ることがある。そうすると、このような退行への誘惑は、この技術の領域そのものが、それを設定する人間に敵対するのを見たいという、真に悲劇的な誘惑になる。それはこの誘惑を排除するはずであった技術の領域そのものの運命の再現を見たいという誘惑である。それはフロイトが述べているのと同じ型のプロセスである。つまり、抑圧されたエネルギーが抑圧する審級を越えて現れ、防御のあらゆる機構の調子を乱すにいたるプロセスである。ゆっくりした退行のなかで安心感を与えることとは反対に、悲劇的なものは、性と自我との葛藤に対する急な解決の目まいを表現している。技術が作る物という、世界支配の象徴そのもののなかに束縛されていたエネルギーの噴出の目まい。生産経済の領域のなかで反映しているものは、運命に打ち克ち、運命を挑発しようとするこの矛盾した要求である。この生産経済の領域は、たえず生産をしながらも、それは脆い物の生産に限定されている。それらの物の一部は機能を失っていて、ただちに死滅するようになっており、この生産経済の領域では物の生産と同時に物の破壊の仕事もされているのである。

もっとはっきりさせよう。悲劇的なものは脆さそのものではなく、死でもない。この脆さと死とへの誘惑が悲劇的なのである。この誘惑は、物がわれわれを妨げ、それと同時にこの妨害がわれわれを不安にさせ絶望させるときに、何らかのかたちで満たされる。それは、ロボットの反抗と破壊という幻想のなかに投影されるのが見られた、有害で目のくらむような満足と同じ満足である。物は復讐する。物は反抗のなかで、このばあいは最悪なものへと《人間化》される。この敵対的な転回はわれわれに衝撃を与え、驚かすが、あたかも運命に対するように、あたかも心地よい脆さの証拠に対するように、この反抗に対する従属が、あまりにも急に発展することを認めなくてはならない。技術のもたらす倦怠感はわれわれを疲れさせ、たえまない倦怠感は幸福を惹起することがある。水差しにひびが入れば残念に思うが、完全に壊れてしまえば満足である。物の弱さはいつもあいまいな仕方で受け入れられる。物の弱さはわれわれの安全を妨げるが、われわれがいつも自分に対して行っている異議申し立て、それもまた満足を求めている異議申し立てを具体化する。われわれはライターの点火を期待してはいるが、すぐには点火しないと思い、おそらく点火しないことを望んでいる（ディヒター、九一頁）。欠点のない物を考えてみよう。そうすると先に私が述べた、それ自体に対する異議申し立ての面そのもので失望が生ずるであろう。つまり、欠点がないと結局は不安を惹起することになる。欠点のない世界は、運命の、したがって性の決定的な吸収のしるしであろう。また、こういう運命の再生の最小のしるしでも、人間の内部に基本的な満足をもたらすだろう。この断層によって、たとえ性が敵対する力としてであっても（この状況では性はいつも敵対する力である）、たとえこの噴出が失敗・死・破壊を意味するとしても、性は一瞬のあいだよみがえる。このようにして、根底にある矛盾は矛盾した解決を受け取るが、それ以外の方法があるだろうか。(13)

アメリカの典型を通して予感できるようなわれわれの《技術》文明は、体系的であると同時に脆い世界である。物の体系は、脆さ、束の間であること、あいまが徐々に短くなる再生、強制された反復、そういうものの体系的なものを示している。満足と失望の体系的なもの。個人・社会の諸関係を危うくする、真の葛藤の問題的な結合を体系的なものにすること。歴史上初めて、消費社会によって、われわれは組織化された、元に戻せないひとつの試みを前にすることになるだろう。その試みとは、ほかのものと置き換えられない物の体系のなかに、社会を飽和させ組み入れようとする試みである。この物の体系は、いたるところで自然力・要求・技術の開かれた相互作用に代わるだろう。——そしてこの体系の主な原動力は、公式的で、押しつけられた、組織化された、物の死滅性であろう。——この試みは、集団的な、巨大なハプニングであって、そこでは集団の死そのものが、物と行為との幸福な破壊、儀礼的な飽食のなかで祝われる。(14) ふたたび、ここには技術社会の小児病しかないと考えることが可能であり、またこのような成長期の障害を、現在の社会構造（資本主義生産の秩序）と関係させることが可能である。このばあい、長期にわたって、体系全体の超越の可能性が救われる。しかし、もしも社会開発に役立つ生産の、無政府的な目的性以外のものがあり、もっと深刻な葛藤の介入があるとするならば——そういう葛藤はきわめて個人的ではあるが、集団のレヴェルで反映され増幅される——、透明なものへの希望は永久に失われる。これは数ある世界のなかで最善のものへと約束されているひとつの社会の成長期の障害か、それとも、解決できない矛盾を前にした、組織化された退行であろうか。生産の無秩序か、死の本能であろうか。ひとつの文明を乱すものは何か。——この問は未解決のままである。

（1） この問題については、かたちのレトリックの分析（「雰囲気の価値——行為とかたち」）と、社会学的な面では「モデルとシリーズ」を参照されたい。
（2） このように、かたちの領域では、自動車の《翼》は、絶対的なもののなかでのスピード、それも明白な証拠によるスピードをコノートしている。
（3） いろいろな抵抗があることはたしかである。たとえば、運転を《英雄的》であるとして人間化することは、自動変速を嫌う。しかしこういう《人間的な》英雄主義は、結局は消え去る運命にある。
（4） 機械的な物でもそれに反応する。だから自動車は、乗物という機能を持っていないから、あいかわらず人間の姿を保持している。自動車の線・かたち・内部機構・推進方式・燃料——自動車は形態論・行動・人間心理の指令に従うために、あらゆる種類の構造的潜在性を拒否し続けてきた。

(5) 人間化については、「モデルとシリーズ」を参照されたい。自動機械は、流行の動機付けと生産の計算のなかに入っている。微細な自動機械の増大そのものが、物のすべてのカテゴリーを廃棄する最良の手段である。

(6) しかし、最小限の実在する実際的な介入は、想像上の投影に対するアリバイとして役立つのに必要であろう。

(7) ミニチュア化され、沈黙していて、直接的で、すきのない道具の世界で、自動車はエンジンと運転というきわめて生き生きとしたものの存在によって目立つ、大きな物のままである。

(8) それが限界である。作る機械と作られる機械が同じなどということは、技術的には考えられない。そういうものがあれば、明らかに最高の自律であり、それを表すことばはかならず同義反復である。しかし、そこまで想像することはできない。もしそこまで想像すると、それは魔術的で幼稚な退行になり、自動的な複製（分裂増殖）の段階にまで行くことになる。そんな機械は最高の不合理であろう。その機械のただひとつの機能は、それ自体の再生産だからである。その機械は同時に豆の皮もむけるのだろうか。人間のただひとつの機能が自分の再生産だったことはなかった。想像は狂気ではない。それはつねに人間とその分身との差異を保持している。

(9) 私は一八世紀のロボットの物語をもう一度引用しておこう（「機能主義の神話」を参照されたい）。その手品師は芸の極致において、自分の身ぶりを機械的にし、自分の表情をちょっと変化させた。それは観客に自分の意図を伝えるためでもあった。つまり、ロボットと人間との違いを楽しませたいという意図である。観客たちは、手品師とロボットのどちらが《本物》なのかわからなくて当惑したであろう。そしてこの手品師は、ロボットが完全であることよりも、人間とロボットの違いの方が重要であり、人間と機械とを取り違える方がよいのだということを知っていた。

(10) 「モデルとシリーズ」を参照されたい。

(11) 明らかにその責任はあらゆる時代にとって決定的である。技術の進歩と、財・生産物の普及との或る境界の向こうでは、物ははっきりしなくなる。

(12) 同じように、映画またはテレビは、《生活を変える》大きな具体的可能性とは無関係であったか、今でも無関係であると考えることができる。モランは（『映画、想像的人間』のなかで）次のように述べている。《シネマトグラフは　誕生するとすぐに、技術・科学という外見上の目的からまったくはずれて、見世物に変わり、映画になったのだが、誰もそのことに驚きはしない。〈映画〉の発展によって、当然のものと思われた発達が妨げられた》（一五頁）。そしてモランは、（音声・カラー・立体映画といった）映画の改良が遅れたことが、消費としての映画の開発とどのように結び付いているかを論じている。

(13) これが「プラハの大学生」の伝説である。彼の姿は鏡から抜け出してひとつの分身となって彼につきまとう（悪魔との契約によって）。彼の姿は鏡には映らず、分身となった鏡像が彼につきまとう。或る日、最初のシーンと同じように、この分身が彼と鏡のあいだに立ちはだかる。彼はそれを引きずり出して殺してしまう。もちろん彼が殺したのは自分自身である。なぜなら、この分身は彼を現実から引き離したからである。しかし、死の直前に彼は、壊れた鏡のかけらのなかに、自分の本当の姿を再発見する。

(14) 消費のニヒリズムと名付けることができたもの（E・モラン）がこれである。

D　物と消費の社会＝イデオロギー的体系

I　モデルとシリーズ

産業時代以前の物と産業モデル

現代の物のあり方は、モデルとシリーズの対立によって支配されている。或る意味では過去でもこの状況は同じだった。社会のなかの少数の特権者たちが、いつも経験の領域を、次々と現れるスタイルに役立たせてきた。そういうスタイルの解決・方法・策略もまた、地方の職人たちによって拡められているのである。しかし産業時代以前に関しては、《モデル》《シリーズ》について語ることはできない。一方では、産業時代以前においては、あらゆる物の同質性は一層大きい。なぜなら、そういう物の生産様式は、いたるところで人間の手の労働に依存しているからであり、またそういう物の機能はあまり特殊化されていず、かたちの文化的な広がりはそれほど大きくはない（過去の文化、よその文化を参考にすることがほとんどない）からである。また他方では、《スタイル》を誇れる物の領域と、ひとつの厳密な使用価値しかない地域的な生産とのあいだの分離はもっと大きい。今日では、農家の食卓には文化的価値がある。三〇年前ならば、そういう食卓の価値は、食事に役立つことでしかなかった。一八世紀には、《ルイ一五世》風の食卓と農家の食卓とのあいだに関係はなかった。一本の溝が、物のこの二つの系列を、それらが依存している二つの社会階級のあいだと同様に分断している。いかなる文化の体系もそれらを統合してはいない。(1) ルイ一三世風の食卓がモデルで、その後それを模倣する数多くの食卓・椅子がシリーズになっているのだとも言えない。(2) 職人の技術は制限されつつも普及はするが、それは価値の普及ではない。《モデル》はひとつの超越的なものと結び付いて、絶対的なままである。モデルからは、われわれが理解する現代的な意味では、いかなるシリーズも生じてはこない。社会秩序が物の位置を決める。ひとは貴族であるかそうでないかであり、貴族は社会的なシリーズのなかでの特権項ではなく、彼の高貴さは、彼を絶対的に目立たせるひとつの恩寵である。物にとってこの超越概念と等価なものは、《スタイル》と呼ばれるものである。

《スタイル》のある産業時代以前の物と、現在のモデルとの区別は重要である。それだけが、物の形式的な対立を越えて、同時代のわれわれの体系のなかにあるモデルとシリーズの本当の関係を明確にできる。

シリーズは、社会の少数のひとたちが依存するモデルに、形式的・心理的にかかわっているが、社会の大きな層がそういうシリーズになっているものに依拠していることを観察するとき、両者を対立させることによって問題を単純にしたいという誘惑は大きい。そうすれば現実の価値をどちらか一方に排他的に移行させることができるからである。換言すればそれは、モデルとシリーズを分離して、それぞれに現実的なものと想像的なものを割り当てようとする誘惑である。ところが、シリーズになっている物の日常性は、本当の価値の世界であるモデルの世界に比べて非現実的ではないし、モデルの世界はそれが微細な少数派にのみ由来して、社会の現実から逃避しているように見えても、けっして想像的ではない。今日では、これらのモデルを普及させる情報・マスコミによって、物の流通だけではなく、《心理的な》流通も確立されている。この心理的流通は、《スタイル》という超越的な区別によって、産業時代とそれ以前の時代とを徹底的に区別している。デュボンボワ社製のクルミ材の家具つきの部屋、シリーズで売り出されている電気製品を買った者、夢や社会での出世のしるしとしてそれを買った者は、新聞・映画・テレビによって、市場には《調和があり》《機能性の高い》インテリアがあることを知っている。彼はそれをたしかに贅沢と社会的威信の世界として体験する。彼はそういう世界から、金銭の力でほとんど非情に分離されている。しかし今日では、いかなる階級の法的身分、いかなる権利上の社会的優越性も、彼をそういう世界から分離してはいない。このことは心理的にきわめて重要である。なぜなら、このために挫折があったり、その達成が物質的に不可能にもかかわらず、シリーズになっている物の使用は、モデルの暗黙な設定、もしくは明白な設定なしにはなされないからである。

これとは逆に、モデルはもはやカーストの存在のなかに閉じこもりはせず[3]、産業生産のなかへ入ることによって、シリーズとして普及されることが可能になる。それらのモデルもまた《機能的》であり(そのことはけっして《スタイルのある》家具を作りはしないだろう)、理屈の上では誰の手にも入るものであろうとする。そしてどんなひとでも、理屈の上では、最もつまらない物を通してモデルに関与する。純粋なモデルやシリーズはしだいに少なくなっている。一方から他方への移行は、無限の分化を通してなされる。生産と似て、物は社会的プリズムのすべての色を体験する。そしてこれらの移行は、可能なもの、もしくは挫折という様態で日常的に体験される。モデルは、シリーズにかかわる者によって内面化される。――シリーズはモデルにかかわる者によって矛盾として指示され、否定され、超越され、体験される。あらゆる社会を貫通するこの流れ、シリーズをモデルの方へ導き、モデルをたえずシリーズのなかに拡げるこのたえまない原動力は、われわれの社会のイデオロギーそのものである。

《人間化した》物

モデルとシリーズに配分するという図式が、物のあらゆるカテゴリーに等しく適用されるものではないことに注意しておこう。それはファトの衣装とプレタポルテといった衣服のばあい、ファセル＝ヴェガと2CVといった自動車のばあいにはっきりする。しかしこのことは、もっと機能が特殊化した物でははっきりしなくなる。冷蔵庫でも、ゼネラル・モーターズの《フリジデール》と《フリジェコ》の差、或るテレビと別のテレビの差はわからなくなっている。コーヒー挽きなどの小さな道具のレヴェルで言えば、モデルの概念は《タイプ》の概念と一致する傾向がある。それは物の機能が状態の差異をきわめて大まかに吸収してしまうからである。それらの差異は、結局はデラックスなモデルとシリーズのモデルという二者択一のなかで消えてしまう。（この対立関係は、モデルの概念で最も抵抗の小さい点を示している。）逆にわれわれが機械という集団的な物へと進むならば、純粋な機械のデラックスな見本などというものがないことがわかる。一組の圧延機は、たとえそれがこの世でただひとつの物であっても、出現すればただちにシリーズになっている物である。ひとつの機械は他の機械よりももっと《現代的》でありうる。しかしそれによって、この機械が他の未完成の機械がシリーズを構成するための《モデル》になることはできない。同じ成果を得るためには、同じタイプの別の機械を作る必要があるだろう。つまり、この第一項から純粋なシリーズを構成しなくてはならないだろう。ここには、心理的原動力の基礎となりうるような、あらゆる段階の計算された差異は存在しない。純粋な機能のレヴェルでは、組合わせの変数はないので、モデルも存在しない(4)。

したがって、モデルとシリーズの心理的原動力は、物の第一次機能のレヴェルにおいてではなく、第二次機能のレヴェル、つまり《人間化した》物のレヴェルで働く。つまりそれは、個人的な要求と文化体系そのものである差異の体系のなかに、同時に基礎付けられている。

選択　どのような物でも、ひとつのタイプだけで消費に供されることはない。あなたは、それを買う物質的可能性を拒絶されることがありうる。しかし、われわれの産業社会で、集団的な恩恵、形式的な自由のしるしとして《アプリオーリに》あなたには選択が与えられている。こういう自由に《人間化》が依存している(5)。物を買うひとが、買うという厳密な必要を越えて、個人的にはその向こう側のことにかかわるのは、すべての可能な領域が彼に提示される限りにおいてである。またわれわれには、選択をせずにただ使用という機能だけを求めて物を買う可能性はない。今日では、どんな物も《零度》の購買性を示しはしない。われわれの選択の自由は、文化体系のなかにわれわれが入ることを強制する。

したがってこの選択は特殊なものである。もしもわれわれがそれを自由と感ずるならば、それがそういうものとして与えられており、選択を通して全体としての社会がわれわれに与えられていることを感知しないことになるだろう。他の自動車ではなく、この自動車を選ぶということが、おそらくあなたを人間化する。しかし特に選ぶという事実が、経済秩序の全体のなかにあなたを位置付ける。《ほかのひとたちからあなたを目立つようにするために或る物を選ぶという事実だけで、それ自体が社会奉仕である》（S・ミル）。物を増加させることによって、社会はそれらの物に選択の能力を与え、この個人的要求が社会に対してつねに構成している危険を中和する。そこから、《人間化》の概念が広告の文句以上のものであることは明らかである。それは、物と信念を《人間化する》ことにより、人間をもっとよく統合しようとする、社会の基本的なイデオロギー概念である(6)。

周辺的な差異　あらゆる物が選択によってわれわれに到達することとの結果は、結局のところいかなる物もシリーズの物としてではなく、モデルとして提示されるという事実である。最もとるに足らない物でも、色・付属品・細部などの差異によって他の物と区別される。この差異はつねに特殊なものである。

《この屑入れは絶対に独創的です。ジラック・デコールがあなたのためにそれを飾ります》

《この冷蔵庫は革命的です。冷凍室とバター保温室があります》

《この電気剃刀は最も改良されたものです。それは六角形で磁性がありません》

実際は、このような差異は（リースマンの用語によれば）周辺的な差異であるか、或いはむしろ非本質的な差異である。事実、産業が作る物と、その技術上の首尾一貫性のレヴェルでは、人間化の要求が満たされるのは、非本質的なもののなかにおいてのみである。自動車を人間的にするために生産者にできることは、シリーズになった車台、シリーズになったエンジンを作ること、外部のいくつかの特徴を改良すること、付属品を付け加えることぐらいである。自動車は本質的に技術が作る物としては人間化されず、ただその非本質的な側面だけが人間化されうる。

当然のことであるが、物が人間化の要求に応えなくてはならなくなると、物の本質的な特徴は、それだけ一層、外的な従属の負担をするようになる。車体にはいろいろな付属品が付き、その形態は、自動車に求められる、流れるような、動的なものという技術の基準と相反する。だから、《周辺的な》差異は、けっして周辺的であるだけではなく、技術的存在の本質とぶつかり合う。人間化の機能は、単に付加された価値であるだけではなく、寄生している価値でもある。技術的には、産業体系のなかでは、人間化されることによって最高度の技術性を失ってしまわないような、人間化された物は考えられない。しかし、ここで最も重い責任を負っているのは生産の領域であって、それは消費を促進するために、遠慮なしに非本質的なものを留保している。

そこで、単色または二色の四二通りの色の組合わせから、**あなたの**アリアーヌを選ぶことができる。そして、特別の装飾品が自動車といっしょに特約店で売られている。なぜならば、当然のことながら、このようなすべての《特殊な》差異は、産業生産のなかでふたたび作り出され、シリーズ化されるからである。流行になるのは、この第二次のシリーズ性である。結局はすべてがモデルであるが、複数のモデルは存在しない。しかし、連続してはいるが制限されているシリーズの根底には、いつでももっと微細で特殊な差異に基づき、いつでもさらに制限されたシリーズへと向かう、非連続的な移行がある。価値のないシリーズに属している物が明白な対立の対象とするような絶対的なモデルは存在しない。なぜなら、もしもそういうモデルがあるとすれば、もはや選択のための心理的根拠はなく、したがって、可能な文化体系もなくなるからである。或いは、少なくとも現代の産業社会をその全体のなかへと統合することのできる文化体系がなくなるからである。

モデルの理想性

人間化と統合の体系はどのように動くのか。《特殊な》差異においては、物のシリーズ的な実在が、モデルのためにたえず否定され否認されるという事実によってである。すでに述べたように、客観的にはこういう差異は本質的なものではない。こういう差異が技術上の欠陥を隠していることがしばしばある。(7) 事実上は、それは欠点による差異である。ところがそういう差異は、価値・差異を極度に示す区別としてつねに体験される。だから、それぞれの種類の物について具体的なモデルがあることはかならずしも必要ではなく、モデルのない物もある。いつも積極的に体験される微細な差異は、シリーズを前方に反映させ、潜在的にしか存在できないモデルへの渇望を生むのに十分である。周辺的な差異は、シリーズの原動力であり、統合のメカニズムを動かしている。

シリーズとモデルを、体系として対立する二つの項と考えてはならない。モデルはひとつのエッセンスのようなものであって、マスという概念で分割され増加することによってシリーズに到達する。それは一層具体的で濃縮された物の状態のようなもので、やがてはそれに似ているシリーズのなかで現実化され、流通するだろう。モデルとシリーズの対立は、しばしば一種のエントロピーのプロセスを惹起するが、それは高度なかたちのエネルギーが、熱へと下落するプロセスと同じである。モデルに基づく、シリーズのこのような演繹的な概念は、体験される現実を隠すものである。こういう現実の運動は、この考え方とはまったく逆であって、シリーズに基づくモデルのたえまない帰納という運動であり、(まさにたえがたい) 下落の運動ではなく、渇望の運動である。

実際われわれは、モデルがシリーズのいたるところにあるのを知っている。ひとつの物を他の物から区別するのは、最小の《特殊な》差異である。私はこれと同じ動きが収集のなかにあるのを認めた。収集では、それぞれの項は相対的な差異を持っていて、その差異はそれぞれの項をほんの短いあいだに、特別な項、つまりモデルにする。これらの相対的な差異はすべてたがいにかかわり合い、絶対的な差異に集約される。しかし結局それはモデルという絶対的な差異の観念にのみ集約されるにすぎない。モデルは存在するか存在しない。ファセル＝ヴェガは存在するが、色またはシリンダーのすべての差異は、最後にはファセル＝ヴェガの観念に到達する。最も重要なのは、モデルがモデルの観念にほかならないということである。それによってモデルは、それぞれの相対的な差異のなかのあらゆるところに存在することができ、またあらゆるシリーズを統合できる。ファセル＝ヴェガが実際に存在することにより、他のいかなる自動車による《人間化》された満足も、徹底的に阻害されるだろう。しかし、この自動車の理想化されたうぬぼれは、逆にアリバイとして、まさにファセル゠ヴェガではないものにおける人間化のための効果的な原動力として役立つ。モデルは貧しくもないし、豊かでもない。それは、すべての相対的な差異の想像上の仮定から成る、種類を示すイメージであり、その魅力は、ひとつの差異から他の差異へという自己否定をするシリーズを含む運動そのものの魅力、濃密な循環の魅力、増大した関与、無限定の代置、つまり超越の形式的理想化の魅力である。モデルのなかに統合され、充当されるのは、シリーズの転回するプロセス全体である。

モデルはひとつの観念にすぎないという事実だけが、人間化のプロセスそのものを可能にする。意識が物のなかに人間化されることはできない。そんなことは不合理である。意識は差異のなかで人間化される。なぜなら差異は、絶対的な独自性(《モデル》)という観念にかかわることによって、同時に、実在する意味サレルモノにかかわることを可能にするからである。この実在する意味サレルモノは、使用者・購買者、或いはすでに述べたように、収集者の絶対的な独自性である。したがって、逆説的ではあるが、それぞれのひとが自分が絶対に独自であると感知するのは、あいまいですべてのひとに共通の観念を通してである。また逆に、モデルの観念という想像上の同意をふたたび活動させるのは、シリーズになっているさまざまな差異の拡がりにしたがって、たえず特殊化することによってである。人間化と統合は、厳密に対になって進行する。それは体系の奇跡である。

モデルからシリーズへ

技術上の欠陥　シリーズになっている物が与えられ、モデルとして存在する根拠になっているのが差異であるが、その差異の形式にかかわる動きを分析したのであるから、今度は、モデルとシリーズとを区別する、実在する差異を分析しなくてはならない。なぜならば、関与によって、差異的な価値付与から理想的なモデルへと上昇する体系は、実在するモデルに対するシリーズになっている物の多量な脱構造化、脱資格化という逆の現実をはっきりと隠しているからである。

シリーズになっている物に影響するすべての従属のなかで最も明白なものは、物の持続と、物の技術的な質にかかわるものである。人間化という至上命令は、生産という至上命令と結合することにより、厳密な使用価値を犠牲にして付属品を増加させる。流行による改良、流行の動きは、どれもまず第一に物をもっと脆く、もっと束の間のものにする。この戦略はパッカードによって強調されている（前掲書六三頁）。《物の持続に勝手に制限を加えたり、使えないようにすることが可能である。それは物の機能に作用することによって――その物は技術的にすぐれたほかの物によって凌駕される（しかしそれが進歩である）――物の性質に作用することによって――物は一般的には、すぐにこわれたり、使用済みになる――そのかたちに作用することによって――物は人間の勝手で流行遅れになり、その機能的性質は維持されていても、使う人の気にいらなくなる――なされる。〔訳注一三〕》

この体系のあとの二つの側面はたがいにつながっている。モデルが加速度をつけて改良されることは、それだけで物の性質に影響を与える。――ストッキングはあらゆる色のものがあるが、そのばあい品質は最低のものになるだろう。(或いは、広告費をまかなうために技術研究費をへらそうとするだろう。)しかし、もしも流行が意図的に変えられても、需要の開拓には不十分であれば、人工的な下位の機能性に依存することになるだろう。《意図的な構築の害。》ブルック・スチーヴンスは次のように言う。《われわれの工場の製品がわざと長持ちしないようにしていること、この戦略がわれわれの経済の基礎にほかならないことを、誰でもが知っている〔訳注一四〕》(パッカード、前掲書六二頁)。最後の段階では、オリバー・ウエンデル・ホームズのように、《予定された日に、一ぺんで分解されるように合理的に考えられたこのすばらしい馬車〔訳注一五〕》(六五頁)について語るのも不合理ではない。そこで、アメリカの自動車のいくつかの部分品は、六万キロしかもたないように作られてある。製造者自身がひそかに認めているように、ほぼ同じ生産コストならば、シリーズになっている物の方が、大部分は品質がすぐれている。《脆くされている》部分品は、ふつうの部分品よりもコスト高になる。**しかし、物はかならず束の間のものであり、流行のものでなくてはならない**。それがシリーズの基本的な特徴である。シリーズのなかで、物は組織化された脆さに従属している。(相対的に)豊かな世界では、欠如の次元としての稀であることのあとに脆さが来る。シリーズは、短い共時性のなかで、かならず滅びる世界のなかで、強制的に維持されている。**物は死滅を免れることはできない**。物のこの死滅性をなくしてしまおうとする技術進歩の通常の動きは、この死滅性を取り入れようとする生産の戦略と対立する。(8) 販売の世界では《欲望の戦略》(ディヒター)について語られるが、ここではフラストレーションの戦略について語ることができる。この二つは、生産の排他的目的性を確保するために相互に補足する。——この目的性は、今日では、物の生のみならず、その死の権利をも持つ、超越的な要求として現れる。(9)
モデルには持続する権利がある。(この持続は相対的である。なぜなら、モデルもまた、物の加速されたサイクルのなかに入っているからである。)モデルには、安定性と《誠実》とに対する権利がある。逆説的であるが、モデルは、伝統的にシリーズのものとされているらしい領域、つまり使用価値の領域で重要である。この優位が流行の優位に追加され、技術上の質がかたちの質に追加されるが、それによってモデルの優越した《機能性》が構成されるのである。

《スタイル》の欠陥　これと並行して、モデルからシリーズへと移行するとき、物の感覚的性質は、技術上の性質とともに減少する。材料を例にするならば、エールボルヌ社製のひじかけ椅子は鉄と銅であるが、デュボンボワ社製のはアルミニウムとデコラである。モデルになる室内のくもりガラスの仕切りは、シリーズになっている室内家具ではプラスチック製になる。全部木製の家具は、表面だけが白い板を貼ったものになる。高級な羊毛または絹の衣服は、既製服のばあいには混紡羊毛もしくはレーヨンになる。材料とともに、重さ・抵抗感・肌理・《熱》——そういうものがさまざまな割合で消えることが差異になる。モデルをはっきりと際立たせているのは、深い性質との接近した接触の価値である。——色・かたち という視覚的価値は、シリーズのなかに容易に移行する傾向がある。なぜならそれらの価値は、周辺的な差異の動きにもっとよく適合しているからである。

しかし、かたちや色がシリーズのなかを何の変化もなく通過することがないのは当然である。有限なものには創造が欠けている。かたちは、たとえ忠実に転位されても、もとのものが微妙に失われる。だから、シリーズに欠陥を生じさせるものは、材料であるよりも、むしろモデルの完成された特徴になっている、材料とかたちの或る首尾一貫性である。この首尾一貫性、もしくは必然的なもろもろの関係の集合がこわされて、かたち・色・付属品の差異の動きが生ずる。スタイルのあとに組合わせが来る。私が技術の面で指摘した脱資格化は、ここでは脱構造化の様相を示す。モデルとしての物には、ディテールもディテールの動きもない。ロールスロイスの色は黒であり、黒以外の色はない。[10] ロールスロイスという物はシリーズから外れており、動きから外れている。――この動きは、《人間化》した物とともに、シリーズの特徴にしたがって拡大される。(そのばあい、同じ車種について一四ないし二〇の異なった色が見出される。)――その結果、最後には純粋な道具性の段階に到達するか、或いは新たにこの動きが存在しなくなる。(非常に長いあいだ2CVは全部がグレーであったが、これは色ではなかった。) モデルには、調和・統一・同質性、それに空間・かたち・実体・機能の首尾一貫性がある。モデルはひとつのシンタックスである。シリーズになっている物は、並置、偶然の組合わせ、不明瞭な言説である。シリーズになっている物は、全体化されていないので、並行するいくつかのシリーズへと機械的に集められるディテールの総計にすぎない。ひとつのひじかけ椅子は、褐色の皮革、黒い鉄、一般的な線、まわりの空間、それらの結合によって独自なものになる。これと対応するシリーズの物では、皮革がプラスチックになり、褐色の色調が消え去り、金属は軽いものになるか、めっきされ、大きさが変わり、線が崩れ、空間が収縮する。そのばあい、物全体が脱構造化する。そしてその実体は、模造皮革の物のシリーズと合体して行き、栗色になったその褐色は、他の無数の物の色であり、脚部はすべてのパイプ椅子と合致する。物はもはやディテールの集約にほかならず、いくつかのシリーズの交差点にほかならない。もうひとつの例を挙げよう。このデラックスな自動車の色はユニークな赤である。《ユニーク》とは、この赤がほかでは見出されないということだけではなく、赤という色がこの自動車のほかの性質と不可分であることをも意味している。この赤は《余分な》赤ではない。そうではなく、もっと《商業ベースに乗った》ひとつのモデルの自動車の赤は、突然にそれが他の数多くの自動車の赤になるためには、ほかの赤とまったく同じ赤でなければ十分である。——そしてそのばあいには、この赤はディテール・付属品のレヴェルに落ちる。自動車の赤い色は《余分な》ものである。なぜならそれは、緑でも黒でもいいからである。

クラスの差異　以上述べてきたことによって、モデルとシリーズのズレがはっきりしてくる。首尾一貫性よりもニュアンスの方がモデルを際立たせる。今日、ひとびとはシリーズになっているインテリアのスタイル化への努力、《大衆のレヴェルでの趣味の増進》の試みに参加している。一般的な規則としてそれは、色をひとつにすること、スタイルをひとつにすることに到達する。《バロック風の居間、青色の台所をどうぞ!》《スタイル》として与えられているのは、結局のところひとつの決まりきったかたち、一般化であって、それには細部や個別的な側面の微妙な変化はない。つまり、モデルには(統一されたもののなかでの）微妙な変化がなく、シリーズには（同じかたちのなかでの）差異がない。微妙な変化は無限にある。それは自由なシンタックスによる創造によってたえず新しくされる変化である。差異の数は限られており、パラディグムの体系的な屈折の結果である。その点を誤解してはならない。もしも微妙な変化が稀なように思われ、周辺的な差異が、多量な伝播の利用で無数のように思われるとしても、微妙な変化は構造的には不滅である。（モデルはここでは芸術作品の方へ向かう。）シリーズ的な差異は、有限な組合わせ、運指図表のなかへと戻ってくる。この運指図表は、おそらく流行とともにたえず変化しているが、それが考察される共時的なそれぞれの瞬間に関しては限定されており、生産という独裁の下に完全に従属している。要するに、シリーズのなかにある巨大な多数に対しては、限定された範囲のものが提示され、微小な少数に対しては、モデルを限りなく微妙に変化させることが提示される。前者に対しては、（たとえどんなに広くても）固定されているか、或いは最も可能性の大きい要素のレパートリーが提示され、後者には多数の機会が提示される。前者には、目録にのせられた価値のコードが、後者にはつねに新しい創造が提示される。したがってわれわれに関係があるのは、クラスの状態とクラスの差異である。

シリーズになっている物は、その第二次特徴を反復することによって、基本的な性質が失われたことを補っている。色・対照・《現代らしい》線が強調される。モデルが現代らしさから離れて行くときに、その現代らしさが強調される。モデルが、呼吸、慎み深さ、文化の頂点である《自然》を保持しているのに反して、シリーズの物は特異であることを求められて、その要求に捉われている。——シリーズになっている物は、強制された文化、悪趣味の楽観論、原初的な人間主義を見せびらかす。シリーズになっている物には、そのクラスのエクリチュール、そのレトリックがあるが、それはモデルにそのレトリックがあるのと同じである。モデルのレトリックは、慎み深さ、隠された機能性、完成度、折衷主義のレトリックである。(11)

この反復表現のもうひとつの側面は蓄積である。シリーズのインテリアには、いつもあまりにも多くの物がある。そして、もしも物が多すぎれば、それは空間が小さすぎるということである。稀であるということによって、その反動として混雑と飽和が生ずる。そして物が数多く存在することが、物の性質が失われたことを補っている。(12)モデルにはその空間があるが、それは近すぎることも遠すぎることもない。モデルのインテリアは、これらの相対的な距離によって構造化されている。モデルのインテリアはむしろ、空虚によるコノテーションである、逆の反復表現へと向かうだろう。(13)

現実性の特権　モデルとシリーズのもうひとつの区別は、時間による区別である。私はシリーズの物は持続しないように作られていると述べておいた。未発達の社会では、人間の世代が早く死ぬが、それと同様に消費社会では物の世代が早く死にたえる。それは次の世代の物があとを継ぐためである。——そしてもしも物が豊富になるとすれば、それはいつも稀であることが計算されているその限界のなかにおいてである。しかしそれは物の技術的持続の問題であり、流行において体験される現実性の問題はこれとは別である。

骨董品〔古い物〕についての短い社会学によれば、骨董品の市場は、結局のところは《産業による》物のばあいと同じ法則に支配され、同じモデル・シリーズの体系にしたがって構成されている。家具に関してであるが、バロック風の家具から、メディシ社製の机、モダンスタイル、擬似田舎風をへてシパンダールにいたるこの混交のなかに、私は次のような観察をする。すなわち、裕福な暮しと文化によって、あらゆる種類の《クラス化された》価値の、つねにもっと高いところにその《人間的な》退化の点を求めることができるということである。退行のひとつの立場があり、その手段によって、本物またはにせ物のギリシャの壺、ローマの両取手付きの壺、スペインの水差しを提示できるだろう。物が過去のものであることと、外国のものであることとは、文化と利益という社会的次元を持っている。中世、一六・七世紀、摂政時代〔一七一五―二三〕の物を古道具屋で見つけてくる裕福な階級のひとたち、蚤の市の古物商のところで、《本当の》農民階級のものと混合した市民階級の文化的装飾物を求める教養ある中流階級から、第三次産業のための田舎のひとたちにいたるまで（ここにあるのは、以前の世代のものできわめてブルジョワ的になった農民の装飾物、地方の《スタイル》のあるもの、《スタイル》が残っていて、製作された年のわからない混合物である）、それぞれの階級にはその個人的な中古品をしまった博物館がある。例外もあるが、労働者・農民は骨董品を好まない。彼らには暇とかねがなく、また特に彼らはまだ他の階級に影響を与える文化変容の現象に加わっていないからである。（彼らは意識的にこの現象を拒絶しているのではなく、その現象から逃げているのである。）しかし彼らは《実験的な》現代風のもの、《創造》、前衛を好まない。彼らの博物館があるとすれば、そこに収められるのは、最もつつましい金物、陶器製の動物、テラコッタ、がらくた・茶碗、額入りの記念物といった民芸品に限られるだろう。或いは、最新型の電気器具と並んだエピナルの版画〔訳注一六〕であろう。このことは、すべてのひとにとって同じものである《人間化》の要求から何ひとつ除去しない。ただし可能な限り各人が退行するだけである。それが差異であるが、しかしここでその差異は文化的になり、それが価値を持ち、それで収支が合う。このように、流行の現実のなかにあるのと同じように、文化のノスタルジーのなかにもモデルとシリーズがある。

もしもわれわれがこの領域のなかで十分な価値の資格のあるものを観察するならば、それが極度の前衛であるか、過去の貴族政治的な次元であることがわかる。つまりそれは楕円状の線のあるガラスとアルミでできた邸宅、または一八世紀の大邸宅であり、理想の未来またはアンシャン・レジームである。これとは反対に、目立たない項である純粋なシリーズは、正確には、未来とともに前衛とモデルの時間である現実的なもののなかにはなく、裕福と獲得された文化の特権である超越的な過去のなかにもなく、《直接的な》過去のなかにある。それは無限定な過去であって、結局のところは現在に対して遅れている時間、昨日のモデルが没落する中間的な時間性である。衣服の流行では、継起はもっと早い。今ではサラリーマンは、前の季節の高級仕立てをまねた服を着ている。良く売れる家具は、数年前か一世代前に流行したものである。シリーズの時間は、以前の名声の時間である。このように多くのひとたちが、家具に関しては自分のものではない時間を体験している。それは一般性・無意味の時間、現代的ではなく、まだ古くはなく、けっして古くならず、空間における郊外という非人称的な概念に、時間のなかで対応するものの時間である。結局シリーズはモデルに対して、単に独自性・スタイル・微妙な変化・真正性、そういったものの喪失を示しているだけではなく、時間の実在的な次元の喪失をも示している。シリーズは、日常性が欠けている一種の分野、モデルがすたれることによって機械的に養分を得ている否定的な次元に属している。なぜなら、モデルだけが変化するからである。シリーズは、たえず前方へ逃げて行くモデルのうしろから次々に現れてくるだけである。そこにシリーズの真の非現実性がある。

人間の災厄　リースマンは次のように述べている。《今日最も需要の多い生産物は、原料でも機械でもなく人間性である》(前掲書七六頁)。モデル・シリーズという図式が作るやむをえない動的なもののコンテクストのなかで、今日の消費者の心につきまとっているのは、人格の完成への真の強制である。(この図式は、動的なものと社会的な渇望とのもっと大きな構造のひとつの側面にすぎない。)われわれのばあい、この強制は逆説でもある。人間化された消費の行為においては、主体であるという要求そのもののなかでの主体が、経済的要求の対象としてのみおのれを生産していることは明らかである。主体の企図は、あらかじめ社会・経済体系によって選別され細分化されているが、それを完成させようとする動きそのもののなかで欺かれる。《特殊な差異》は、産業として生産されるので、主体がなしうる選択は初めからきまっている。残るのは、個人的に目立つという幻想だけである。意識を個性化させる何かを付け加えようとすることによって、意識は細部においてさらに物象化する。これが疎外のパラドックスである。つまり、生きた選択は死んだ差異において具体化されるし、また生きた選択を享受することにおいて、主体の企図はそれ自体を否定して絶望する。

これが体系のイデオロギー的機能である。あらゆる差異があらかじめ組みこまれているので、状態の上昇は単に演じられているものにすぎない。全体を貫通している欺瞞は、体系の前方への逃走によって組みこまれている。

疎外について語ることは可能だろうか。全体としては、方向を与えられた人間化の体系は、大多数の消費者によって自由として体験される。この自由が形式的なものとして現れ、人間化が結局は人間の災難として現れうるのは、批判の眼に対してだけである。広告が動機付けを空虚なものに向けるばあいでさえ（同じ製品についての二重の特徴付け、幻想的な差異、変化する条件付けなど）、また選択があらかじめかけられた罠であるばあいでさえ、表面的な差異すらも、差異として価値を与えられた以上は、実在するものであることを認めなくてはならない。花柄のある屑入れや、《反磁気性の》電気剃刀を買うひとの満足感にどのようにして反対するのか。必要についてのいかなる理論も、体験される満足感が他の満足感にまさるようにすることはできない。人間的な価値への要求が非常に大きくて他のものがないばあいに、その要求が《人間化された》対象として具体化されるならば、この動きをどのように非難するのか。また、価値のいかなる《真正の》本質の名において非難するのか。

モデルのイデオロギー　この体系はデモクラシーのイデオロギーに依存している。この体系は社会進歩の次元であることを望む。つまり、すべてのひとが徐々にモデルに近付く可能性、連続してなされる社会の発展であることを望む。このような社会の発展は、次から次へと、社会のあらゆる階層をより多くの物質的な贅沢の方へと導き、差異を絶対のモデルにもっと近い《人間化された》差異の方へと導くものである。つまり次のようになる。

(1)われわれの《消費》社会のなかで、われわれは物の前での平等からしだいに遠ざかっている。なぜなら、モデルという考え方は、つねにもっと微妙で決定的な差異のなかへと具体的に閉じこもるからである。スカートの長さ、口紅の色調、ステレオの改良、高級仕立ての服を《プリジュニック》〔スーパーストアの名〕の品物とわけへだてる数週間——こういうものはすべて束の間であり、高くつく。しかし、文化状況のこのような民主化は、すでに述べたように、もっと深刻な不平等を隠している。なぜなら、そのような不平等は、物の実在性そのもの、その技術的性質・実体・持続に影響するからである。モデルの特権は制度的ではなくなって、いわば内化されている。しかしそれらの特権は内化されることによってさらに執拗なものになる。市民革命以後、さまざまな階級が政治責任に徐々に到達しないように、産業革命以後、消費者は物を前にした平等性に到達してはいない。

(2)モデルを、セリーが接近できる理想の点と考えるのはひとつの欺瞞である。われわれが所有している物は、その所有者としてのみわれわれを解放し、他の物を所有する無限定の自由をわれわれに与える。物の段階への進歩だけが可能なものとして残されている。しかしこの上昇には出口がない。なぜなら、この上昇そのものが、モデルのたえまない抽象作用の養分になっているからである。結局、モデルはひとつの観念、つまり体系に対する内在的な超越にすぎないので、この体系はたえず進歩し、全体が前方へと逃避できる。モデルは体系としては追い越されることがない。モデルが別のモデルによって同時に置換されないままシリーズに移行することはありえない。体系の全体がブロックになって進行する。しかしモデルはたがいに置換され、そのばあいモデルとして追い越されることはなく、また継起するシリーズがシリーズとしてそれ自体を越えることもない。モデルはシリーズよりも速く進む。モデルは現在に存在しているが、シリーズは過去と現在の中間に浮遊し、モデルに接近しようとする。この永続的な渇望と失望は生産のレヴェルで力動的に交響するが、物への追求の次元そのものを構成している。

そこには宿命のようなものがある。社会全体が分節化されモデルに集中するとき、生産が体系的にモデルをシリーズへと、シリーズを周辺的な差異、さまざまな組合わせへと脱構造化させて、結局は物がことばやイメージと同じように束の間のものになるとき――シリーズの体系的な屈折によって、構築されたものの全体が不可逆的な秩序のなかでパラディグム化されるとき――状態の段階は固定されてあり、状態の運動の規則はすべてのひとにとって同じであるので――この計画された集中、組織化された脆さ、たえず破壊されるこの同時性のなかには、もはや可能な否定性はない。開かれた矛盾も、構造の変化も、社会の弁証法もない。なぜなら、技術進歩の曲線にそって、体系の全体に生気を与えているように見える運動は、技術進歩が固定され、安定することを妨げないからである。すべてが動き、すべてが急速に変形し、すべてが変化する。しかし何も変わらない。技術進歩のなかに投げ入れられたこのような社会は、あらゆる変革をそれ自体に関してなしとげる。増大するその生産性は、いかなる構造上の変化にも通じていない。

(1) しかしおそらく、物の種類の区別は、社会階級の区別ほど厳密なものではない。社会秩序のレヴェルでの絶対的な階層の区別は、物のレヴェルでは、使用ということによってあいまいなものになる。ひとつのテーブルは、社会のどの階層でも、同じ第一次的機能を持っている。

(2) もしもアンリ二世風の食器棚が、最近はシリーズの家具になっているとしても、それは産業化された文化的な物とはかなり異なった回り道をへてのことである。

(3) しかし、そのことによってもモデルはその階級の様態を失ってはいない(後述)。

(4) 芸術作品は、モデルとシリーズに依存しない。機械は一定の機能をするかしないかであり、芸術作品は本物かにせ物であって、同じ命令的な二者択一である。それは周辺的な差異ではない。モデル=シリーズの力学が働くのは、私有され人間化された物のレヴェルにおいてのみである(そして作品そのもののレヴェルにおいてではない)。

(5) ひとつのタイプしかないばあいは(たとえば東独の自動車)、節約のしるしであって、それは本来の消費社会より以前のことである。いかなる社会もこの段階を暫定的なものとしてしか見なしえない。

(6) この体系についてはあとで考察する。

(7) 「メタ機能=非機能の体系――ガジェットとロボット」の部分と、同じ章での、シリーズになっている物の技術的脱資格化についての部分を参照されたい。

(8) たしかにこの傾向は、競合の動きによって妨げられるはずであろう。しかし独占企業による生産社会(アメリカ)では、実際の競合が長いあいだなくなっている。

(9) しかしこの皮肉な戦略だけが問題になっているのではないことを認めなくてはならない。消費者の心理的な共犯もある。同じ自動車が必要を十分に満たしてくれるとしても、それを二〇年も三〇年も維持しなければならないとしたら、多くのひとは困ってしまうだろう。この点については、「メタ機能=非機能の体系――ガジェットとロボット」を参照されたい。

(10) 或いはグレーである。しかしそれは同じ《道徳的な》パラディグムである。(四〇頁を参照されたい。)

(11) こういう体系においては、二つの項はたがいに意味作用を多く持ちすぎて、反復表現にならざるをえない。体系の体験された心理・社会的なあり方は、まず第一にこの反復表現であり、過剰な意味作用である。この体系は、その記述によって示唆されうるように、構造的な対立の純粋な体系である。

(12) しかし、もしも自発的に反復表現になっているブルジョワ的伝統が(家は卵のように丸かった)、蓄積を求めたとすれば、現代の設備のもっと《機能的な》線はそれと矛盾する。したがって、現代的なインテリアのなかに空間を過剰に充当することは、伝統的なインテリアのばあいよりももっと重大な矛盾である。

(13) 八四頁の形式のコノテーションの部分を参照されたい。

II　クレジット

消費者市民の権利と義務

もしも今日の物が、差異化と選択とに支配されて提示されるとすれば、それらの物はまた（少なくとも重要な物は）クレジットに支配されても提示される。そして、物が良いもので、売れ行きがいいばあいに、物があなたに《提供》されるのと同じ仕方で、あなたには生産の秩序のひとつの特別手当として、支払いの容易さが《提供》される。クレジットは消費者の権利として、そして結局は市民の経済的権利として了解されている。クレジットの可能性に対するいかなる制限も、国家の側からの対抗措置であると感じられ、クレジットの廃止は（それは考えられないことではあるが）、社会全体から自由の廃止として体験されるだろう。広告のレヴェルでは、クレジットは《欲望戦略》における決定的な論拠であり、それは物のいかなる性質とも同じ資格で作用する。クレジットは、物を買う動機を与えるものとして、選択・《人間化》、広告による筋立てとともに作用し、クレジットはそれらを戦略的に補足する。心理的なコンテクストは同じである。つまり、シリーズのなかでモデルを期待することは、ここでは時間のなかでの物の享受を期待することである。

クレジットの体系は、理論的にはモデルに対して関係するのであって、シリーズになっている物には関係しないのであり、あなたがジャガーを月賦で購入するのを妨げるものは何もない。しかし、デラックスなモデルは現金で買われ、クレジットがモデルを買うのに用いられることはめったにないということは事実であり、慣習的な法則に近い。社会的身分の論理があって、この論理によると、シリーズの物の欠陥にさらに心理的な欠陥を加えるのが支払期日の束縛であり、これに対してモデルの特権は、まさに現金で買うという社会的威信なのである。

何らかの羞恥心がひとびとにはあって、長いあいだそれがクレジットに道徳的な危険を感知させ、現金で買うことを市民的な美徳と考えさせていた。しかし、クレジットに対するこのような心理的な抵抗が徐々になくなりつつあるのを認めることができる。そういう抵抗が続いているのは、所有という伝統的な考え方が残っているということである。またそういう抵抗は特に、遺産・節約、吝嗇といった考え方に忠実な、物を所有している富裕ではない階級に影響している。しかし、こういう残存物はやがて消えるだろう。もしも以前には所有が使用に先立っていたとすれば、今日ではそれが逆になっている。クレジットの普及は、リースマンが規定したいくつかの局面のなかで、《独占》の文明から実用の文明へという徐々になされる移行を示している。《クレジット》の使用者は、あたかも《自分の物》であるかのように物を自由に使うことをしだいに学んでいる。彼がその物の支払いをしている時間は、その物を使用している時間とほぼ同じである。物の《支払期日》はそれが使われなくなることと結び付いている。

（アメリカの企業は、商品の支払いの期間と耐用年限が時には同じになるように計算していることが知られている。）故障や紛失など、その物の支払いが終る前に使えなくなる危険がつねにある。この危険は、クレジットが完全に日常生活に組みこまれているときでさえ、《相続した》物そのものの不安定さとは言えない不安定さを規定する。相続した物は私の所有物であり、その借金は私にはない。クレジットで購入した物は、《払い終った》ときに私の物になるだろう。それは文法における《前未来》のようなものである。

支払期限に対するこの不安はきわめて特殊であり、最後には客観的な関係は意識されないまま、毎日気になる並行したプロセスが構成される。この不安は、直接的な実用にではなく、人間的な企図につきまとう。物は抵当に入れられ、時間のなかであなたから逃げ去る。結局、物はいつもあなたから逃げ去っていたのだ。そしてこの逃走は、別の面では、たえずモデルの方に向かうシリーズになっている物の逃走と一致する。この二重の逃走が、われわれを取り囲む物の世界の潜在的な脆さと、いつもまぢかにある失望とを構成している。

結局、クレジットの体系は、現代的なコンテクストのなかでの、物に対する関係のきわめて一般的なあり方を解明するものにほかならない。実際、クレジットによる生活をするならば、自動車・冷蔵庫・テレビを買うのに一五か月待っている必要はない。モデルとシリーズの次元は、モデルに対する強いられた優位があるから、すでにハンディキャップの次元である。社会的昇進の次元は、ハンディキャップのある渇望の次元でもある。われわれは物に対していつも遅れている。そういう物を投げ売りする最後の取り引きにおいて、或いはそういう物に代わる次のモデルにおいて、物はそこにあり、一年前からそこにある。だからクレジットは、基本的な心理状況を経済の領域に移すことしかしない。継起の束縛は同じである。つまり、手形の支払期限の領域では経済的であり、シリーズとモデルの、体系的で加速された継起のなかでは心理・社会的である。いずれにせよわれわれは、強制される以前の、抵当に入れられた時間性のあり方に基づいて、自分たちの物を体験している。クレジットに対してもはやいかなる悪意もないとすれば、結局それはおそらく今日のわれわれの物がすべてクレジットで買った物として、全体的な社会に対する債務として体験されているからであろう。この債務はいつも更新され、変動しうるものであり、またインフレと慢性的な価値の下落の対象になっている。《人間化》が広告の策略、基本的なイデオロギー概念以上のものとしてわれわれの眼に映ったのと同じく、クレジットはひとつの経済制度以上のものである。クレジットはわれわれの社会の基本的な次元、新しい倫理である。

消費の先行——新しい倫理

相続財産・固定資本という考え方がなくなるのを見ていたひとつの世代があった。過去の世代までは、自分のものとされた物は、労働を物質化することによって、まさに相続財産であり固定資本であった。食事室や自動車を買うことが、長年の節約の結果であったのはそんなに遠い昔のことではない。ひとびとは、物を買うことを夢見て働いている。生活は、努力とその報いという清教徒的世界で体験される。しかし物がそこにあるのはそれを買ったからであり、それらの物は過去の領収証、未来への保証であり、資本である。今日では、物は買われる前にそこにあり、物が表現する努力と労働の総体を予測している。いわば物の消費が生産に先行する。たしかに私はただ自分が使うだけの物に対して、もはや相続財産に対するような責任を持ってはいない。私はそれらの物を誰かから相続したのではなく、また誰かに相続させることもない。それは物によるもうひとつの強制である。それらの物は、いわばそれを所有しなくてはならない私の上にぶらさがっている。もしも私がそれらの物を通して、家族にも伝統的な人間集団にももはやかかわってはいないとしても、逆に私は全体としての社会とその要求（経済・財政の領域、流行の変化など）にかかわるようになる。われわれは毎月、物を買い直し、毎年、物を新しくしなければならないだろう。われわれにとっての物の意味、物に具体化されている企図、物にある客観的な未来と私自身の未来、そういうすべてがここから変わって行く。もしも過去数世紀のあいだ、人間よりはるかに長命な物が作る安定した装飾物のなかで、人間が何世代も続いていたとすれば、今日では逆に同じひとりの個人の生涯のなかで、何世代もの物が加速されたリズムに乗って次々に現れてくる。以前は人間がそのリズムを物に押しつけていたのだが、今日では物がその不連続なリズム、不連続で突然そこに存在する仕方、調子が狂い、老いることなくたがいに置換される仕方を、人間に押しつけている。このように、ひとつの文明全体のあり方が、日常的な物の存在とそれを享受する仕方とともに変化する。相続した財産と安定した年金とに基づいた家父長的な家庭経済においては、消費が生産に先行することはけっしてなかった。デカルト的・道徳的なきちんとした論理においては原因が結果に先行するが、それと同じように労働はつねに労働の成果に先行する。この禁欲的な蓄積は、予測・犠牲、そしてさまざまな要求を個人の緊張のなかに吸収してしまうことによって成立するが、こういう節約の文明のすべてにはその英雄時代があった。この英雄時代は、年金生活者と、破産した年金生活者の時代錯誤的なシルエットに沿って進行した。破産した年金生活者は、二〇世紀において、伝統的経済の道徳と計算との虚栄という歴史的な体験をしている。彼らの能力に合わせて生活しようとして、いくつかの世代全体が自分たちの能力以下の生活をすることになった。労働・長所・蓄積――所有という考え方で頂点に達する、ひとつの時代のこれらすべての美徳が、まだ物のなかに感知される。物はそういう美徳を証明するものであり、また失われた物の世代がまだ小市民の室内に執着している。

購買の強制

今日、新しい道徳が生まれている。貯蓄よりも消費が先行すること、あと払い、むりな投資、加速のついた消費、慢性のインフレ（節約が不合理になる）――そこからすべての体系が生ずる。ひとはそこではまず物を買い、労働によって買い直す。このようにしてひとびとはクレジットによりまさに封建的な状況に戻る。労働の一部を初めから領主のため、従属した労働に割くということである。しかし封建の体系とは異なり、われわれの体系はひとつの共謀に基づいて動いている。すなわち、現代の消費者は、この目的のない束縛を自発的に組み入れ、引き受ける。現代の消費者が物を買うのは、社会が生産を続けられるようにするためであり、買った物に支払うために働き続けられるようにするためである。アメリカの次のような標語はそのことをよく示している（パッカード、前掲書二六頁）。

《買うことは働き続けることだ！
買うことはあなたの未来の保証だ！
今日買うことによって、失業者が減る。
おそらくあなただ！
繁栄を今日買いなさい。明日はそれが君のものになる！〔訳注一七〕》

これは注目すべき幻想主義である。形式上の自由を代価として、あなたにクレジットで買わせるこの社会に、クレジットによる販売をさせているのはあなたである。それはこの社会においてあなたの未来を疎外することによってである。たしかに、生産の秩序はまず第一に労働力の搾取に依存している。しかし、この生産の秩序は今日ではこの循環するコンセンサス、この共謀によってそれ自体を強化し――このコンセンサス・共謀によって、従屈そのものが自由として体験されるのだが――したがって、永続するひとつの体系としてそれ自体を自律化する。それぞれの人間において、消費者は生産の秩序の共謀者であり、生産者とはいかなる関係もない。この生産者自身も同時に、生産の秩序の犠牲者である。生産者と消費者のこの分離は、統合の原動力そのものである。すべてはこの分離が矛盾という生きた批判的なかたちを取らないように作られている。

購買の奇跡

実際に、クレジットの長所は（広告の長所と同じく）、購買と客観的な規定とを二倍にすることである。クレジットで買うことは、ひとつの物の本当の価値の一部だけについて支払って、その全部を所有することに等しい。大きな利益のための小さな投資である。手形は未来のなかで影が薄くなり、物は象徴的な身ぶりで手に入るように見える。このやり方は、嘘言症のひとのやり方に似ている。想像の物語の代価として、嘘言症のひとは話相手から不釣合な評価を得る。彼の実際の投資は小さいが、利潤は非常に大きい。彼が現実の威信を得るのは、ひとつの徴表を信ずることによってであると言えよう。彼もまた、他人の意識に基づくクレジットで生活している。労働から労働の生産物へと移行し、日常的実践の論理と同様に、認識の論理の伝統的な時間性の基礎となっている、実在するものの変形の通常の実践の逆転、事物の特権に対するこのような期待、それは呪術のプロセスそのものである。そして購買者が、期待していた物においてと同時に、クレジットにおいて消費し引き受けるものは、直接的な現実化の可能性を購買者に提示できる、ひとつの社会の呪術的機能性の神話である。もちろんこの購買者は、たちまちのうちに社会・経済の現実に直面するだろう。それはあの嘘言症のひとが、やがて彼が予期していた役割と対決することになるのとまったく同じである。嘘言症のひとは、仮面を奪われると破産するか、或いは別の話を語ることによって破産を免れる。クレジットによる購買者もまた、支払期日にぶつかるだろう。そして彼が別の物をクレジットで買うことによって心理的な慰めを求めるチャンスも大きい。支払延期は、こういう種類の行動の規則である。そしてこの二つのばあいの最も注目される特徴は、結果に向かって開かれた道がないということである。つまり、嘘言症のひとのばあい、彼が語る物語と彼が体験する失敗（彼はその失敗から、現実についてのいかなる教訓も導かない）とのあいだにも、クレジットによる購買者のばあい、購入する行為にある呪術的な恩恵とやがて払わなくてはならない借金とのあいだにも、開かれた道がない。ここでクレジットの体系は、彼自身に直面する人間の無責任において頂点に達する。購入する者は支払う者を疎外する。それは同じ人であるが、クレジットの体系は、時間のずれによって彼がそのことを意識しないようにさせている。

家庭にある物のあいまいさ

現代の物の使用者たちは、ついに所有という束縛から解放されたのであるが、要するにクレジットはそういうひとたちの文明に役立つという色彩を帯びてはいながら、それとは逆にひとつの統合の体系を作っている。それは、社会的神話と、荒々しい経済の圧力とがまざり合っている体系である。クレジットは単に道徳であるだけではなく政治でもある。クレジットの戦略は、以前の物にはなかった社会・政治的な機能を物に与えるための人間化の戦略と結び付く。われわれの時間はもはや束縛や高利の時間ではない。こういう束縛は、クレジットの次元では抽象化され増幅される。クレジットの次元とは、社会的次元、時間の次元、事物の次元である。この次元とそれを要求する戦略とを通して、物は作業・満足・費消を加速し、増加させる役割を演じている。物はハンドルであり、物の慣性そのものが日常生活に支払延期、停止・不均衡のリズムを与える求心力になる。

同時に、社会的なものから逃れるために家庭の世界が身をかがめた相手としての物は、今や逆に家庭の世界を社会的世界の回路と束縛へと導いている。クレジットは恩恵、形式的な自由であり、また社会的な承認、事物の内部そのものでの従属と運命であるが、そういうクレジットを通して家庭的なものが直接に投資される。家庭的なものは一種の社会的次元を見出すが、その結果は最悪である。クレジットの不合理な極限において、たとえば月払いの期限がすぎても支払いの済まない自動車が、ガソリンがなくて動かないばあい、つまり経済上の束縛によって濾過され細分化された人間のもくろみがあらわにされる極限において、社会秩序のひとつの基本的な真実が現れる。それは、そういうばあい物は所有され使用されるという運命を持たず、ただ単に生産され買われるだけだという真実である。換言すれば、物は人間の要求や世界のもっと合理的な機構によって構造化されているのではなく、生産とイデオロギー的統合の秩序だけで体系化されている。事実、完全な私有物は存在しない。そういう物を数多く使うことを通して、消費者の心の世界、消費者の意識にまとわりつくのは、それ固有の共謀性を伴った生産の社会秩序である。この投資とともに、この秩序に対して効果的に異議を申し立て、この秩序を克服する可能性も消えてしまう。

III　広　告

物についての言説と物としての言説

物の体系の分析は、結局のところは物についての言説、（イメージと言語による）広告の《メッセージ》の分析を含んでいる。なぜなら広告は、物の体系の補助になる現象ではないからである。広告を物の体系から引き離すことも、広告をその《正当な》範囲（商品の情報だけを伝える広告）に制限することもできないだろう。もしも広告がこの体系の倒置できない次元になっているとすれば、それは広告の不均衡な状況そのものにおいてである。この不均衡によって、広告は物の体系の《機能的な》頂点にある。広告はブロックになって、役に立たない、非本質的な世界を作っている。広告は純粋なコノテーションである。広告は、事物の生産と直接的な使用においては何の役にも立たない。そしてそれにもかかわらず、広告は物の体系のなかにすっかり入っている。それは広告が消費を扱うからだけではなく、広告がふたたび消費される物になっているからである。広告が物についての言説であり、また物そのものでもあるという、この二つの規定を区別しなくてはならない。そして広告が文化的な物として消費されうるようになるのは、それが役に立たず非本質的な言説である限りにおいてである。だから広告は、あらかじめ物のレヴェルで分析された体系の全体である。つまり、人間化、強制された分化、非本質的なものの増殖、生産・消費の領域への技術の領域の下落、機能の喪失と、広告のなかにその自律と完成とを見出すこの二次的な機能――そういったものの体系が広告である。広告はその機能がほとんどすべて二次的であり、広告のイメージと言説は大体がアレゴリー的であるために、広告は理想的な物になり、こういう物の体系をあらわに示すだろう。広告は強いコノテーションのある体系のすべてとして提示されるから(1)、物を通してわれわれが消費するものについて、最もよく語ってくれるだろう。

広告の命令法と直説法

広告の仕事は、或る製品の特徴を知らせ、その販売をふやすことである。この《客観的な》機能が、原則としてはその最も重要な機能のままである(2)。

広告は、情報を伝えることから説得することへ、さらに方向を与えられた消費を目的とする《秘密の説得》(パッカード)へと移行する。ひとびとは、人間とその要求との全体的な条件付けの脅威を非常に不安に感じている。いくつかの調査によると、広告の浸透力は一般に考えられているほど大きくはなかった。飽和感による反作用が急速に生ずる。(さまざまな広告が相互に中和され、或いはそれぞれの広告が行きすぎによって中和される。)さらに、広告で用いられる命令と説得は、あらゆる種類の反対の動機付けと抵抗をもたらす。(この反対の動機付けと抵抗は、合理的なものも非合理的なものもある。

受動性に対する反作用として、ひとびとは《所有》させられることを望まない。強調に対する反作用、言説の反復に対する反作用など。）要するに広告の言説は購入を説得すると同じくらい思いとどまらせる。そして消費者は、広告のメッセージに免疫にはならないまでも、少なくともその非常に自由な使用者であるように思われる。

つまり、広告のメッセージの明白な機能は、われわれを欺くものであってはならない。広告が消費者を説得する媒介になるものが、（オモ、シムカ、フリジデールといった）明確な特定のブランドではないとすれば、それは社会全体の秩序にとってもっと本質的な、オモやフリジデール以外の別のものである。だから、オモやフリジデールはアリバイにすぎない。

究極においては物の機能が、物を求める潜在的な意味作用に対するアリバイでしかありえないように、広告においては――それが純粋なコノテーションの体系であるよりもはるかに――指定された製品（そのデノテーション、記述）はひとつのアリバイにすぎなくなる傾向にある。そういうアリバイの明証のもとで、統合の混乱したすべての働きがなされる。

たとえわれわれが徐々に広告の命令法に抵抗するとしても、逆にわれわれは広告の直説法、つまり二次的な消費の生産物と、ひとつの文化の証拠である限りにおいての広告の存在をさらに感知するようになる。この意味においてわれわれは広告の直説法を《信ずる》。広告においてわれわれが消費するのは、財を分配する審級として見られようとし、ひとつの文化のなかへとそれ自体を《越えて》行く、社会の贅沢である。われわれはひとつの審級とそのイメージとによって同時に充当されている。

サンタクロースの論理

（マスメディア一般による）広告の展示の力を非難することは、広告の効果の特殊な論理を理解していなかったひとたちである。それはもはや言表と明証の論理ではなく、寓話と同意の論理である。ひとびとはそういう論理を信じてはいないが支持している。製品の《展示》は、結局誰も説得しない。それは購買を合理化するが、いずれにしても購買は合理的な動機に先行するかそれを越えている。しかし私はこの製品を《信ずる》ことはなくても、私に信じさせようとする広告を信じている。それがサンタクロースの物語の本質である。子どもたちはもはやサンタクロースがいるかいないかを問題にしはしないし、彼の存在と自分たちがもらう贈り物とを因果関係とは考えない。サンタクロースの存在を信ずることは、合理化をする虚構作用であって、それは第二幼年期に、親たち（もっと明確には母親）による恩恵の奇跡的な関係の保持を可能にする。この関係は第一幼年期に存在していた関係であった。この奇跡的な関係は、もろもろの事実のなかで転回し、その理想的な延長である信仰のなかに内化される。この小説的なものは人工的ではない。それは、この関係を維持しようとする二人の当事者の相互の利害関係に基づいている。このいずれのばあいにもサンタクロースには何の重要性もない。そして子どもは、サンタクロースが結局は重要ではないからこそその存在を信じている。子どもがサンタクロースのイメージ、フィクション、アリバイ——子どもはそういうものを信じなくなるときになっても信ずるだろう——そういうものを通して消費するのは、奇跡的な親の配慮、親たちが子どもの寓話の共謀者であろうとする配慮である。クリスマスプレゼントは、この共謀の承認にほかならない(3)。

広告の操作もこれと同じ種類のものである。製品の長所についてのレトリックを含んだ言説も、その長所を述べる言説も、買うひとに決定的な効果を与えない。個人が感知するのは、保護と恩恵という潜在的なテーマであり、《ひとびと》が懇願し説得しようとする配慮であり、意識には読み取れないしるしである。それはどこかにひとつの審級があって（ここではそれは社会的であるが、直接に母のイメージにかかわっている）、彼の固有の欲求について情報を与え、それを予見し、自分の眼にそれらの欲求を合理化することを認めるようなしるしである。だから、子どもがサンタクロースを信じないように、彼は広告を《信じ》ない。そのことは、彼が内化された子どもの状況に執着し、それにしたがって行動することを妨げるものではない。広告の持つきわめて現実的な効果はここから生ずる。それは条件と反射という論理ではないが、それに劣らず厳密な論理、信仰と退行の論理にしたがっている(4)。

母の審級——エールボルヌのソファー

この神話は、たとえばエールボルヌの宣伝ポスター（ソファー・長椅子・椅子）のような広告のことばのなかに、時折はっきりと表されている(5)。《本当の現代的設備はすぐにはできません。》（簡単ではないという警告。現代的設備は受動的であり、それを能動的にしなくてはならない。受動性の条件を《創る》べきである。）このキャッチフレーズによって、この企業の現代的・科学的な特徴がただちに強調されている。《美しいこと、リラックスできること、頑丈なこと、完全なこと、この四つの条件がそろっているのがよい椅子です。こういう傑作を作るのには、職人の技術という昔からの特質だけでは足りません。たしかにそういう特質は不可欠のもので、家具の製造職人の心の底にあります。》（過去のものであるという保証。精神的な安全さ。伝統は産業革命のなかで保持され、克服されている。）《しかしわれわれの時代には、良い椅子は現代の経済社会を規制する規準と方法にしたがって作られなくてはなりません。》（このソファーは単なるソファーではありえない。それを買うひとは、自分が技術社会と連帯していることを感知しなくてはならない。——ただしこの社会の規準が買い手にとって秘密であることは明白である。このソファーによって彼は産業社会の市民になる。）《フランスの数多くの家庭の設備を充実させてきたわが社（エールボルヌ社）はとうとうひとつの企業になりました。それには研究所・技術者、創造する芸術家、さらに機械、原料の蓄積、アフターサーヴィス、販売網などがあります。》（消費者は産業革命がこのソファーを媒介にして起こったこと、また今日すべての集団構造がこのソファーの性質に集中し、また逆にこのソファーがその人格性に集中していることを十分に意識しなくてはならない。消費者の眼には、彼の満足という最高の目的へと向けられた全世界が構築される。）この方向は次のようなこれに続くことばで確認される。《良いソファーは、家族全員が気持を楽にする場所です。あなたの足や背の高さにそれを合わせる必要はありません。あなたのかたちにぴったり合うはずです。》（社会もしくはあなた自身に対して、何も変更する必要はない。なぜなら産業革命があったからだ。あなたのかたちにぴったり合うこのソファーを通してあなたに適合するのは、技術社会全体である。）以前には、道徳の基準は個人が社会全体に適合することを望んだ。しかしそれは生産の時代の過去のイデオロギーである。消費の時代もしくはそうであろうとする時代においては、社会全体が個人に適合する。社会全体が個人の要求を先取りするだけではなく、個人の特定の要求には適合せず、個人それ自身に人格的に適合する。《エールボルヌの椅子は次のようにしてわかります。坐ったとき、いつもそれは**あなたの**ソファー、**あなたの**チェア、**あなたの**長椅子で、自分の体に合った椅子に坐っているという安心感がありますす。》この順応性のメタ社会学を要約しよう。あなた自身に対するこのソファーの献身・従属・秘密の親しさを通して、このソファーを作っている企業とその技術サーヴィスなどの献身をもあなたは信ずるようになる。完全に信頼していつでも気楽に坐れるこのソファーにおいて――実際それはきわめて機能的である――決定的に文明化されたひとつの社会の本質を認めなければならない。この社会は、幸福という観念、**あなたの**幸福という観念によって得られたものであり、そのおのおのの成員に自らを完成させる手段を免除している社会である。

このようなイデオロギー的言説は、材料と形式に対する考察にまで延長される。《われわれの時代のスタイルを確認するための新しい材料》と広告の宣伝文は続けて述べている。《石の時代、木の時代のあと、家具の材料に関してわれわれは鋼鉄の時代にいるのです。》《鋼鉄、それは構造です》など。しかしたとえ鋼鉄がすぐれた材料であるにしても、それはまた個人が適合するには固く、努力がいったりやむをえず使われるような材料でもある。また鋼鉄がどのように変形し、思うままになるか、どのように《構造》が人間化されるかを見るがよい。《鋼鉄は固くてかたちが変わりませんが、バネに変形したときは柔軟です。ラテックスをはれば柔らかな印象を与え、安心感があります。鋼鉄は美的です。なぜならそれは今日の織物の熱と（今でも）完全に結び付くからです。》構造はつねに暴力的であり、それは不安を与える暴力である。物のレヴェルにおいてでさえ、構造は社会に対する個人の関係を危険にさらすおそれがある。現実を平和にするためには、外見の平静を救わなくてはならない。このように、ソファーはあたかもあなたの気に入るための自然の変形によるかのように、鋼鉄から織物へと移行することによって、力と静かさとの鏡になる。そして最後に《美的なもの》が《構造》を包みにくることはたしかであり、それによって物と《人格》との決定的な結婚が祝福される。ここでも、実質についてのレトリックは、社会関係の条件付けを含んでいる。かたちを持つようになったこの構造のなかに、この妥協に到達したしたたかさのなかに、いたるところに拡散し、満足が意志の記憶とともに動く場である綜合の《婚礼》の図式のなかに、（鋼鉄という）暴力の男根的な幻想、しかしそれ自体のイメージによって疲れが直り、気持が静まっているこの幻想のなかに、母性的で調和のとれたひとつの社会のなかの、世界との包括的な共謀を認めないわけにはいかない。

このようにわれわれは広告において、そのテーマやことばやイメージによって、《疎外》されたり、《韜晦》されたりしているのではなく、われわれに語り、見させ、われわれにかかわるようにさせる要求に征服されている。リースマン（前掲書、二五四—六五頁）や、アメリカ社会に批判的なその他の理論家たちは、製品に対する評価が、しだいにその内在する価値によってではなく、その製品を通しての、あなたの存在に対するその企業の配慮、公衆に対するその企業の態度によってなされることを示している(6)。その結果、休みがなく、満足（と挫折感）を与え、栄光に満ちた（そして罪悪感を与える）社会全体のこの消費を通して、個人は徐々に条件付けられる。

広告がなければ、《物はあるがままの物にすぎない。》物は広告によって《熱》を付け加えられる。それはすでに私が《雰囲気》の原動力として認めた現代的な性質である。色が（赤や緑ではなく）熱かったり冷たかったりするのと同じように、人格を決定する次元が（リースマンのいう外向的社会においては）熱さとか冷たさであるのと同じように（二一七頁）、物もまた熱いか冷たいか、つまり無関心で敵対的か、それとも自発的で誠実で、交流があり、《人間化》されているかである。それらの物はもはや特定の用途にはっきりときめられてはいない。それは大まかで昔風のやり方である。物はおのれを示し、展開し、あなたを求め、あなたを囲み、物がその外見の豊富さによってその流出によって存在することをあなたに証明する。物はあなたを目標とし、あなたを愛する。そしてあなたが自分の存在を感知するのは、愛されているからである。あなたは《人間化》されている。これが本質的なことで、物を買うことは二次的なことである。もしも製品の豊富さが、稀なものを終らせたとすれば、豊富な広告は脆さを終らせる。なぜなら、行動し、愛し、買う動機を自分で作るなどということは最低のことだからである。それぞれのひとが、自分自身の無理解・不在・悪意・不安に直面する。どんな物でも、私が望むものを知らず、私が何かを知らないという罪を解決しなければ、悪い物だということになる。(7)もしも物が私を愛するならば（物は広告を通して私を愛する）、私は救われる。このように、（ピーアールの全体と同様に）広告は大きな配慮によって――この配慮に対してわれわれは自分たちにかかわる要求を内化することによって対応しているのだが――心理的な脆さから、財のみならず、消費の全体社会という交流する熱をも生産する巨大な企業を除去する。

あらゆることが、販売・利潤の法則に厳密にしたがっている社会では、広告が最も民主的な製品、《提示されている》ただひとつの製品、それもすべてのひとに提示されている製品であることも考えておこう。物はあなたに売られるが、広告はあなたに《提示》される。(8) このようにして広告の働きは、贈与と贈り物という古い儀礼と巧みに結び付き、それと同時に親による受動的な恩恵という子どもの状況とも結び付く。いずれも、純粋な商業関係を人間関係に変えようとする。(9)

購買力の祭

広告に対するわれわれの信仰と、広告を通しての社会とのわれわれの共謀の根拠は、広告の持っている、物を与え、幼児化するこの機能にある。それは広告の遊びの機能のなかにも現れている。われわれは、けっしてネガティヴではないイメージについて広告が提示する世俗化を感知するが、それと同じように、余分なイメージへと製品の厳密な必要性を越えて行ける社会についての幻想的な示現も、(これもまた最も民主的な）見世物・遊び・演出の美徳をも感知する。広告は、包括的な社会の、現実的または潜在的な購買力の永続するポスターの役割を演じている。私がそれを利用しようとしまいと、私はこの購買力を《呼吸》する。さらに、製品は見ること、操作することに専念する。製品はそれ自体をエロチックにする。(10) それはただ単に性的なテーマをあからさまに使うことによってだけではなく、次のような事実によってでもある。つまり、純粋で単純な所有化である購買が、ここではひとつの術策・シナリオ・複雑なダンスに変わり、実際の行動に、言い寄ること・張り合うこと・卑猥さ・いちゃつき・売春（イロニーさえも）といった愛のたわむれのすべての要素を付け加えているという事実である。（すでにリビドーで充当されている）購買のメカニズムの代わりに、選択・支払いというあらゆるエロス化が現れる。[11] このようにわれわれの現代的な雰囲気には休止がない。それは都市において特にいちじるしい。都市にはその照明とイメージがあり、社会的威信・ナルシシズム・気取り・強制的関係への脅かしがある。この雰囲気は一種の冷静な祭、形式的ではあるが感動させる祭の雰囲気であり、それによって購買と消費のプロセスそのものが説明され、演じられ、失敗させられる。それはあたかもダンスが性行為を予期するようなものである。そして広告によって、あたかもかつての祭によってのように、社会はそれ自体のイメージを見、消費することに専念する。

そこには、本質的な規制の機能がある。夢と同じように、広告は想像世界の潜在能力を固定し、その方向を変える。夢と同じように、広告はあいかわらず主観的・個人的な行動である。[12] 夢と同じように、広告には否定性も相対性もない。いかなる徴表もない。最高の本質を持っているような広告は、全体的なひとつの内在性である。[13] われわれの夜の夢には説明のことばが添えられていないとしても、都市の城壁において、新聞において、映画のスクリーンにおいて、われわれが眼覚めたまま見る夢には説明のことばが添えられてあり、あらゆるところで字幕が付いている。しかし、夜の夢も昼の夢も、最も生き生きとした筋立てを、最も貧しい規定と結び付けている。そして、夜の夢の機能が眠りの維持にあるように、広告の威信と消費の威信の機能は、雰囲気の社会的価値を自発的に吸収することと、社会的同意の方へ個人を退行させるのに役立つということである。

祭・内在性・積極性というこのような広告の特性は、要するに、広告が消費の方向を決める以上にまず第一に消費されるものだということを示している。今日、(広告の)言説とイメージ、さまざまなモデル(選択)という二つの次元のなかで提示されないような物は存在しえない。そういう物は、心理的に存在しえないだろう。それと同様に、現代の市民も、もしも物と製品が彼らに対して選択と広告という二つの次元で提示されなければどうなるだろうか。彼らは自由ではなくなるだろう。アレンスバッハの民衆調査研究所は二〇〇〇人の西ドイツ人について調査を行なったが、その六〇%は広告が多すぎるという意見であった。しかし、《(西欧のように)広告が多すぎるのと、(東欧のように)社会にとって役立つ広告が最小限しかないのと、どちらがよいか》という問に対しては、大多数が前者を選んだ。つまり、広告が多すぎることさえも、単に豊富な物の直接的なしるしとしてだけではなく、直接的な自由のしるしとして、したがって基本的な価値のしるしとして解釈される[14]。人目を引くこの媒介が、個人と社会(その構造がどのようなものであるにせよ)とのあいだに作り出す、感情的・イデオロギー的な共謀がここで測定される。すべての広告が除去されれば、誰でもが空虚な壁を前にして挫折感を味わうことになろう。遊びと夢との(イロニー的でさえある)可能性が挫折するだけではなく、もっと深いところで《誰も》もはや彼にかかわってくれないと考えるだろう。積極的な社会参加がないので、少なくとも社会集団に似たもの、もっと熱があり、母性的で、色彩のある雰囲気に似たものに参加できるこの環境がなくなれば、彼は残念に思うだろう。人間が裕福な生活に近づくときに最初に求めることのひとつは、自分の欲求にかかわり、それらの欲求を自分の眼に合わせて定形化し、イメージ化することである。（それが社会主義国家の問題であるか、問題になりつつあることである。）広告はこのような取るに足りない、退行的で、非本質的な機能、しかしそれだけ一層深く求められている機能を演じている。

満足感と抑圧――二重の審級

物についてのこのような甘美なくどい教説を通して、広告の真の命令を聞かなくてはならない。《会社全体が、ひたすらあなたとあなたの欲望に適合するのを見て下さい。だからこの会社にまかせることが合理的なのです。》パッカードが言うように、説得は秘密のうちになされる。しかし説得が目ざすものは、購買の《強制》や物の条件付けではなく、広告のことばが示唆する社会的同意への執着である。物はひとつのサーヴィスであり、社会とあなたとの人格関係である。広告は、母性的なイメージまたはあそびの機能をもとに構成されるが、広告は労働・生産・市場・価値といった実在する社会的プロセス――それは奇跡的なこの統合を乱すおそれがあるが――の範囲内での同じ退行のプロセスを目標とする。この物をあなたは買ってはいず、それをほしいと思っていた。そしてすべての技師・技術者があなたのその欲求を満たしてくれた。産業社会においては、労働の分割はすでに労働とその生産物とを分離している。広告は、購買のときに、生産物を消費財からきっぱりと切り離すことによって、このプロセスを完成させる。労働とその生産物とのあいだに、大きな母性的イメージを介在させることによって、広告は生産物が（その歴史などとともに）生産物そのものとしてではなく、財として、物として考えられるようにする。広告は、非常に分化した物の体系を物質的に抽象化することによって、同じ個人のなかで生産者と消費者とを分離するが、それと同時に、これとは逆に、物と物に対する欲望とのあいだに子どもらしい混乱を生じさせ、子どもが母親と母親によって与えられる物とを混同する段階にまで消費者を導こうと努める。

実際に広告が物の客観的なプロセス、物の社会的な歴史を非常に注意して除去してしまうのは、想像上の社会的審級を通して、生産と搾取の現実的秩序をもっとよく押し付けようとするためにほかならない。広告の心理の背後に、扇動と政治的言説とを見抜かなくてはならない。この言説の戦略は、ここでも社会的現実が現実の審級とひとつのイメージとに二重化することに依存している。このばあい、現実の審級はイメージのうしろに消えて読めなくなり、母性的な雰囲気のなかへと吸収されてしまうその図式に移行するのみである。《わが社は完全にあなたに適合いたします。わが社にすっかりおまかせ下さい》と広告が実際に提案するとき、企業と消費者の相互関係が偽造されることは明白である。あなたに適合するのは想像上の審級であるが、それと交換にあなたは本当に実在する秩序に適合する。《あなたのからだにぴったり合う》ソファーを通して、あなたが結び付き、引き受けるのは、社会の技術的・政治的秩序の全体である。社会が母性的になるのは、束縛の秩序をもっとよく維持するためである。(15) われわれはこのことによって、生産物の普及と広告の技術が演じている、巨大な政治的役割を理解する。それらは以前の道徳・政治のイデオロギーの交替をまさしく確実にする。さらに、道徳的・政治的な統合がかならず害悪を伴っていたのに対して(そこでは開かれた抑圧の助けが必要であった)、新しい技術は抑圧を必要としない。消費者は消費という運動そのもののなかに、社会的審級とその規準を内在させるからである。

この効果性は、広告の徴表とその《読解》のプロセスの状況そのものによって強められる。広告の徴表は物についてわれわれに語るが、ひとつの実践という見地から物を説明することはない(或いはほとんどない)。実際、広告の徴表は、あたかも不在の世界にかかわるように実在する物にかかわる。広告の徴表は、文字通りの《説明のことば》であり、まず第一に読まれるためにそこにある。広告の徴表は、現実世界にかかわっていないとしても、現実世界の正確なかかわりになるのでもない。読解という特殊な作業を求めるのが徴表なのである。

もしも広告の徴表がひとつの情報を伝えるとするならば、十分な読解と実践の領域への移行とがあるだろう。しかしそれらの徴表は別の役割を演じている。つまりそれらの徴表が指示しているものの不在を目ざすという役割である。この限りにおいて、移行的ではない読解は、満足感という特殊な体系として構成される。しかしこの体系のなかでは、挫折という現実の不在の規定作用がたえず作用している。

イメージはひとつの空虚を作り出し、ひとつの不在を目ざす。それによってイメージは《喚起作用》を持つ。しかしイメージはひとつの逃げ口上である。ひとつの充当を惹起しつつ、イメージはそれを読解のレヴェルで短絡する。イメージは浮遊している軽い欲望を、イメージによって現されると同時に隠されるひとつの物に集中させる。イメージは欺くものであり、その機能は見ることに専念することと欺くことである。視線は接触を推測することであり、イメージとその読解は、所有を推測することである。

だから広告は、幻覚的な満足感も、世界に向かっての実践的な冥想も提示しない。広告が惹起するのは、欺かれた軽い欲望の態度である。すなわち、未完の行動、たえまのない隆起、たえまのない欠陥、物の始まり、欲求の始まりである。めまぐるしい心理劇が、イメージの読解において演じられる。原則として、イメージはその読者が自分の受動性を引き受け、消費者に変わることを可能にする。事実、豊富なイメージは、いつも同時に、現実への転回を避け、たえまのない挫折によって罪悪感を微妙に養い、夢見る満足感へと意識を閉じようと専心する。要するにイメージとその読解は、物に向かう最も近い道ではなく、もうひとつのイメージに向かう最も近い道である。このようにして広告の徴表は、眠りの状態のなかでのイメージの始まりのように継起する。

われわれは、イメージのなかにある世界を除去する機能、挫折の機能を維持しなくてはならない。それだけがわれわれに、イメージのなかでは除去されている現実原則が、それにもかかわらずイメージのなかで欲求のたえまない抑圧としてどのように効果的に現れているか（イメージの見世物化・閉鎖・欺瞞、そして最終的には、物に向かってのイメージの退行的で取るに足りない移行）を理解させる。ここにおいてわれわれは、広告の徴表と社会の全体的秩序との深い結合を把握するだろう。広告はこの社会のもろもろの価値を機械的に伝えるのではない。広告の徴表が、満足感と抑圧という二重の規定のなかに社会秩序を《移行》させるのは、もっと微妙なやり方による推測というあいまいなその機能――指示であると同時に不在を目ざすものであるような、所有と非所有の中間にある何か――においてである。[16]

満足感と挫折は、統合における不可分の二つの斜面である。それぞれの広告のイメージは説明であるから、世界の不安な多義性を除去する。しかし、もっとよく読まれるものになるように、広告のイメージは貧弱で簡単なものになる。しかしそれでもまだ、あまりにも多くの解釈の可能性があるので、広告のイメージはその意味をことばによって限定する。ことばはイメージに添えられて、第二の説明になる。そして広告のイメージは、読解の支配下では、いつもその他のイメージにかかわる。結局のところ、広告は方向を与えられたひとつの社会的意味論によって、ひとびとの意識に安心感を与える。その方向は、究極には包括的な社会そのものというただひとつの意味サレルモノに向けられている。このようにしてこの包括的な社会は、あらゆる役割を保持する。この社会は数多くのイメージを喚起する。この社会は同時にそれらのイメージの意味を還元しようと専心している。この社会は不安を起こしてそれを静め、満足させ、欺き、動員し、解除する。それは広告の支配下で、欲求の自由の支配を確立する。しかし、欲求がそこで本当に自由になることはない。もし自由になれば、それは社会秩序の終りであろう。イメージのなかで欲求が自由になるのは、それが十分に自由になって、欲求の噴出と結び付いた不安と罪悪感という反射作用を始めるようにするばあいだけである。軽い欲求は、イメージによって始められるが、またイメージによって中止され、罪あるものとされ、そして社会的要求によって回復する。想像的な自由の過剰、交響するたえまない精神の狂宴、あらゆる倒錯が解決されて秩序がもたらされる場である、方向を与えられた退行。もしも消費社会において満足感が巨大であり、抑圧もまた巨大であるならば、われわれは満足感と抑圧の両方全部を、広告のイメージとことばのなかで受け入れる。広告のイメージとことばは、快楽原則の中心そのものにおいて、抑圧的な現実原則を動かしているのである。

集団的な予測

パックス洗剤　生産と流通という客観的なプロセスについては沈黙している広告は、実在する社会とその矛盾をも除去してしまう。広告は、包括的な集団の存在・不在、集団的な推測に基づいて作用する。この集団は想像上のものではあるが、実質的に消費されることによって、シリーズ的な条件付けを確保するには十分である。パックスの宣伝ポスターを例にして考えよう。そこには数多くの、ひとりひとりは見分けのつかない群衆が見える。彼らはまっ白な旗（パックスの白さを示す）を、中央にある像に向かって振っている。中央にあるのはパックスの大きな束であるが、それは写真の複製で、群衆の眼にはニューヨークの国連ビルと同じ次元のものになっている。純真さと平和とのイデオロギーのすべてが、このよく知られたイメージに養分を与えている。しかしここでわれわれは、特に集団的な本質とその広告における使用とに留意する。消費者は、あらかじめ綜合的なそのイメージを与えられている限りにおいて、パックスを個人的にほしがるのだと説得される。この群衆は彼であり、彼の欲求は集団の欲求をイメージによって推測することによって惹起される。ここで広告はきわめて巧妙である。それぞれの欲求は、最も内的なものであっても、なお普遍的なものを目ざす。ひとりの女性を欲するということは、すべての男性が彼女を欲することができるという前提を必要とする。どんな欲求も、たとえ性的な欲求でも、集団の想像の媒介なしには存在しない。おそらくこの想像がなければ、欲求は現れることさえできない。この世のどんな男性も欲しないような女性を愛せる男がいるとは想像できない。逆に、群衆の全員がひとりの女性をもてはやすならば、私は未知のその女性を好きになるだろう。ここに広告の、つねに現存する（そして非常にしばしば隠されている）原動力がある。もしも、集団的なものとかかわりながら欲求を体験するのが正常であるとすれば、広告は集団的なものを欲求の体験的な次元にしようと努める。広告は、個人の要求の自発性を信用しない。広告は、集団的なものを動かすことを通して、またこの純粋な集団的なものに意識を結晶させることを通して、欲求を管理しようとする。全体化する一種の社会力学が、ここでその最も美しい勝利を祝っている。要求の戦略が、集団的な予測を基盤として作られる。集団という規定だけで欲求を高めることによって、コミュニケーションという基本的な要求が捉えられる。しかしそれは、その要求を実際の集団性へではなく、集団の幻想へと向けるためである。パックスの例はこのことをはっきりと示している。広告は、ひとつの製品を基盤にして個人を連帯させようとする。まさにそのような製品の購入と使用が、彼らを個人的領域に戻すのである。逆説的ではあるが、われわれは世界全体の名の下で、反映された連帯性によってひとつの物を買うようにさせられる。ところが、ひとつの物を買うばあい、その最初の動機はほかのひとたちから自分を区別するためにそれを使うことなのである。集団的なノスタルジーが、個人のあいだの競争をあおるのに役立つ。ところが実際には、この競争それ自体が幻想である。というのは、結局のところ宣伝ポスターを見たそれぞれのひとが、ほかのひとと同じ物を個人的に買うからである。だからこのことを清算してみると次のようになる。（社会秩序にとっての）その利点は、あいまいな集団的全体性に退行しつつ同一化することと、それによる集団の承認の内面化である。あいかわらずここでは、共謀性と罪悪感が結び付いている。広告の基礎にもなっているのは、集団に対する（潜在的な）罪悪感である。しかしそれは検閲という伝統的な図式によってはいない。ここでは、不安と罪悪感はあらゆる有用な目的のために惹起される。そしてこの目的とは、方向を与えられた欲求の出現を通して、集団の規準にしたがうことである。パックスのポスターのあからさまな命令法に異議を唱えることは簡単だが（私が、オモやシュニルではなく、パックスの製品を買ったり、或いは何も買わないのは、このポスターのためではない）、《平和《パックス》》というイデオロギーによって強調されている、揺れ動き興奮した群衆という第二の意味サレルモノを拒むのは困難である。こういう共謀の図式にひとびとはうまく抵抗できない。なぜなら抵抗することは問題にもならないからである。ここでも、コノテーションは非常によく読み取れる。しかし集団的な承認はかならずしも群衆によって形象化されるものではなく、どんな表象もそれに代わることができる。エロチックなものを例にしよう。たしかにわれわれがポテトチップスを買うのは、その袋にブロンドの髪と二本の美しい脚の絵があるからではない。しかしイメージによるリビドーのこの短い動員のなかにも、表象という通常の図式とともに、昇華と転位のための時間があったあらゆる社会的審級が含まれている。

広告の懸賞問題　毎年この問題にはいくつ正しい答が寄せられるか——こういう質問をするいくつかの新聞の懸賞問題がある。この簡単な問が、何週間かの期限まで、参加者があらゆる知恵を傾ける場所で偶然をふたたび作り出す。競争心は、ルーレットの賭けの神秘的な選択によって手直しされる。しかし興味は、賭けの対象がどんな偶然でもよいというのではない点にある。区別をする審級になるのは、以前のような神でも運命でもなく、その場限りの集団、偶然的・恣意的な集団（この懸賞問題を試みたり、それに成功できるひとたちの集団）である。そして、成功の基準になるのは、この審級を予見すること、個人をこの集団的偶然にうまく同一化することである。そのため、あらかじめ出されるある問題は一般的には非常にやさしい。最大多数のひとが、本質的なもの、つまり大集団の呪術的直観に到達しなくてはならない（さらに、純粋な偶然は、絶対的な民主主義の神話を復活させる）。要するに、この懸賞問題の究極の意味サレルモノとしてわれわれは、一種の幻想的な、純粋に状況的な、構造的でない、それ自体のイメージのない集団性を所有している（それは正解として解決されるまさにそのときに、抽象的にしか《具体化》されないだろう）。この集団性は、その抽象性そのものにおいてそれを見抜くようなひとりまたは数人の者の満足感のなかに、またそれによってのみ包含される。

ギャラップ世論調査

もしもわれわれが生産物において生産物を消費するとすれば、われわれは広告において生産物の意味を消費する。ひとときでよいから、あらゆる徴表を奪われて空虚な意識のようなむき出しの壁だけになった現代都市を想像するがよい。そうするとギャラップということばが現れる。それだけがあらゆる壁に記されている。それは純粋な意味スルモノであり、意味サレルモノを持たず、それ自体を意味している。それは空虚のなかで読まれ、論じられ、解釈され、それ自体の傾向に反して意味表現される。それは記号〔徴表《シーニュ》〕として消費される。そのばあい、ギャラップということばは、そのような記号を産出できる社会以外の何を意味するのか。その無意味そのもののなかに、このことばはあらゆる想像上の集合体を動員した。それはひとつの社会全体を示すものになっている。或る意味でひとびとはギャラップを《信ずる》ようになったのだ。ひとびとはそこに広告の全能のしるしを認め、そしてギャラップがひとつの製品だけを取り上げるならば、その製品がただちに重要なものになるのに十分だと考えた。これほどたしかなことはなく、広告業者の奸計は、けっしてそのことを明かさないことにあった。明白な意味サレルモノに対してであれば、個人の抵抗が新たになされたであろう。しかし、純粋な記号に対する信仰に関しては、皮肉なものでさえある同意がおのずから形成される。そしてそれと同時に、広告の真の意味サレルモノが、まったく純粋なかたちで現れる。広告はギャラップと同じく大衆社会であり、この大衆社会は恣意的・体系的な記号を通して感性を挑発し、意識を動かし、集団的なものとして、このプロセスそのもののなかで再建される。(17)

広告を通して、大衆と消費の世界がたえず民衆化される。(18)

新しいヒューマニズム？

シリーズ的な条件付け　われわれは、競合と《人間化》というテーマの背後にどのような条件付けの体系が動いているのかをもっとよく理解する。実際、それは今までと同じイデオロギーである。かつて《自由》の支配下には生産の黄金律であった競合は、今日では消費の領域へと無限に移行している。周辺的な数多くの差異と、条件付けによる、同じ生産物についてしばしば明白に現れる回折を通して、この競合はあらゆるレヴェルで激化しており、不安定な自由、最後の自由のための巨大な領域を開いている。それは、あなたをほかのひとたちから区別させる物を偶然に選ぶ自由である。(19) 実際この領域では、競合のイデオロギーは、ひとびとの住む領域と同じプロセスに、したがって同じ目的に向けられていると考えることができる。もしも消費が今もなお、個人的な表現がなされる自由な仕事として現れるとすれば、生産は決定的に計画化されるだろう。それは単に、心理の計画化の技術が、経済の計画化よりはるかに遅れているからである。

われわれは今でも、他人が持っていないものをほしがる。少なくとも西欧社会では（というのはこの問題は東欧では中断されているからであるが）、われわれは生産物の選択・使用に関しては、まだ競合的・英雄的な段階にいる。モデルの体系的な継起、サイクル的な同時化は、アメリカでは確立されているが西欧では確立されていない。(20) これは心理的な抵抗であろうか。伝統の力であろうか。そうではなく、ただ単に大多数のひとたちが十分な生活水準に達していないからである。そのためすべての物が同じ最大限の要求の段階に並んでいて、結局は一種類のモデルしかないことになる。様々な物を所有するよりも、《最近の》モデルという、社会的に価値を与える命令的なフェティシュを所有する方が重要である。そこでアメリカでは、九〇%のひとが他人が持っている物を持ちたいという欲求しか感じない。そして一般的に選択は毎年、かならず最良のものである最近のモデルに向けられる。《正常な》消費者の固定した階級が作られるが、この階級は実際にはすべてのひとびとと一致する。ヨーロッパではそうなってはいないとしても、アメリカ的なモデルへと向かう不可逆的な傾向にそって、広告のあいまいさがすでに十分に認められる。広告はわれわれに競争を挑発するが、しかし、この想像上の競争を通して、広告はすでに深い単調なものを求めている。この単調なものとは、きまったかたちの要求、消費する大衆という幸福な意味への退行である。広告は、《これをお買いください、ほかの品物とはまったく違います》（エリートのための肉、幸福な少数者のためのたばこなど）とわれわれに語ると同時に、《みなさんがお使いですからお買い下さい[21]》ともいう。そしてこれは矛盾ではない。すべてのひとが似ているのに、誰でもが自分を独自だと考える。集団的・神話的な投影の図式、つまりモデルがあればそれには十分である[22]。

このことを基盤として次のように考えることができる。消費社会の終りは（テクノクラートの何らかのマキャヴェリズムによるのではなく、競争という単純な構造的な動きによる）、消費者自身の機能化、あらゆる必需品の心理的独占である。つまり、すべてのひとが同じ物を消費することであり、それは結局は生産の集中化と絶対的な方向付けとに調和して対応する。

欠陥による自由　今日いたるところで、競争のイデオロギーは個人の完成という《哲学》に及ばない。もっとよく統合された社会では、個人はもはや財を所有することでは競争せず、消費のなかで自己を実現させる。ライトモチーフはもはや選択的な競争ではなく、すべてのひとにとっての人格化である。同時に、広告は商業行為から消費行為の理論へと移行するが、この理論は社会の構造全体の頂点にある。それはアメリカの広告業者について論じられている（ディヒター、マルチノーなど）。その論点は単純である。(1)（物・製品・広告の）消費社会は、歴史上初めて個人に対して、解放と全体的完成の可能性を提示する。(2)純粋で単純な消費を越えて、個人的・集団的な表現へと向かうことにより、消費の体系は真の言語、新しい文化を構成する。このように、消費の《ニヒリズム》に、消費の《新しいヒューマニズム》が対立する。

第一の論点である個人の完成について。「動機付けの研究所」の所長であるディヒター博士は、この新しい人間の問題意識をまず規定する。[23]《今日われわれが直面する問題は、平均的なアメリカ人に対して彼がいちゃついたり、金を使ったり、第二・第三の自動車を買うときでさえも、道徳的だと感じさせることができるという問題である。このような繁栄にかかわる基本的な問題のひとつは、その繁栄の享受の承認と正当化とをひとびとに与えることと、自分たちの生活を楽しむのが道徳的であって不道徳ではないと立証することとである。自分の生活を自由に享受してよいという許可が消費者に与えられること、彼の生活を豊かにし、彼を楽しませてくれる製品に取り囲まれる権利を証明することは、すべての広告、販売を促進するためのあらゆるくわだての主要なテーマのひとつのはずである。》だから、このような方向を与えられた動機を持つわれわれの時代は、広告が社会集団の道徳的責任を引き受け、清教徒的な道徳のかわりに純粋な満足という快楽主義の道徳を、それも高度文明のなかでの自然の新しい状態として与える時代である。しかし、最後の局面はあいまいである。広告の目的は、幸福への抵抗から人間を解放することとか、それとも販売を促進することなのか。ひとびとは満足を考えて社会を再編成しようとするのか、それとも利益を考えてのことか。(パッカードの『隠された説得者』の仏訳の序文で)ブルスタン゠ブランシェは《否》と答える。《動機の調査は個人の自由を脅かすものではない。そういう調査は、個人が理性的であったり非理性的であったりする権利を侵害しない。》こういうことばには、あまりにも善意がありすぎるか奸計がありすぎる。ディヒターはもっとはっきり、われわれは完全な自由のなかで殺されていると言っている。《消費者に与えられたこの許可》……人間は恥じることなく子どもであることが許されなくてはならない。《自分自身である自由》は、自分の欲求を、生産された財に投射する自由をはっきりと意味している。《自分の生活を十分に享受する自由》は、非合理で退行的な自由、そしてそれによって生産の何らかの社会秩序に適合する自由を意味する。(24) こういう販売の《哲学》には、いかなる逆説も含まれていない。この哲学は、(ひとびとが望むものを明らかにするという) 合理的な目標と哲学的方法を引合いに出すが、それは人間の非合理的な行動を促す (そういう行動が直接的な衝動のコンプレックスにすぎないことを認め、そういう衝動を満足させて満足する) ためである。また、衝動は危険であり、消費の新しい妖術師たちは、幸福という爆発的な目的性にしたがって人間を解放しないように気を付ける。それらの妖術師たちは、人間に対して緊張の解決、つまり欠陥による自由しか与えない。《人間は新しい緊張を作り出すたびごとに——その緊張は挫折感を生むことによって行動に向かうものであるが——ひとつの製品がひとつの集団の渇望に応えることによって、この緊張をなくすことを期待できる。そのばあい、その製品が市場で幅をきかせるようになる可能性が大きい》(『欲望の戦略』八一頁)。以前には心的な審級 (タブー・超自我・罪悪感) によって閉ざされていた衝動を、物に関して結晶させるのが目的である。これは具体的な審級であって、そこでは欲求の爆発力がなくなり、社会秩序の儀礼的な抑圧機能が具体化される。個人を社会に対立させる、存在の自由が危険である。

しかし所有する自由には害がない。なぜならこの自由は知らないうちに働くからである。だからこの自由は、ディヒターの言うように道徳的である。これは道徳性の最後の終末である。というのは、消費者は自分自身と和解すると同時に集団とも和解しているからである。それは完全な社会的存在である。伝統的な道徳は個人に対して集団への適応しか求めない。《哲学的な》広告は、今や個人に対して自己自身に適合すること、自分の葛藤を解決することを求める。広告は、これまでになかったほど個人に対して道徳的に充当する。個人を不規則な者、アウトローにするタブー・不安・神経症は、物のなかへの世俗化する退行によって除去されるだろう。そしてこの退行はあらゆるところで父と母のイメージを強化するだろう。根底にある衝動の、つねにもっと《自由な》不合理性は、頂点にあるもっとつねに厳密な管理と対になって行くだろう。

新しい言語？

第二の論点——物・広告の体系は、ひとつの言語を構成するだろうか。理想的・消費者的なこの哲学のすべては、人間的で、生きていて、葛藤のある関係のかわりに、物への《人間化》された関係を置くことを基礎にしている。ピエール・マルチノーは（『動機付けと広告』一〇七—八頁）、《購買のすべてのプロセスは、個人の人格と製品の人格との交互作用である》と書いている。ひとびとは、製品は種類も数も多いので複合した存在になっており、そのために購買と消費の関係はあらゆる人間関係とも等価だと考えるふりをしている。[25] しかしそこに生きたシンタックスが本当にあるのだろうか。物は必要について教え、新しい仕方でそういう必要を構造化するのだろうか。逆に、必要は物とその生産とを媒介にして新しい社会構造について教えるだろうか。もしそうであれば、言語について語れるだろう。もしそうでなければ、それらのすべてはマネージャーのずるがしこい観念論にすぎない。

構造と切断：ブランド　購買には、自由で生きた交換は含まれない。購買はあらかじめ強制されたひとつの操作で、そこでは還元不可能な二つの体系がぶつかり合っている。ひとつは、その必要・矛盾・否定性を伴った、動的で不整合な、個人という体系であり、もうひとつは完全な肯定性のなかにある生産物の体系であって、これはコード付けされ、分類され、非連続で、比較的整合した体系である。必要の体系と生産物の体系とのあいだに相互作用はなく、前者は後者に無理に統合される。たしかに全体が、単に満足感の体系だけではなく、意味作用の体系をも構成する。しかし、《言語》があるためにはシンタックスがなければならない。大衆が消費する物についてわれわれはひとつのレパートリーしか持っていない。それについて説明しよう。

職人による生産の段階では、物はその偶然性・独自性において必要を反映する。この段階では、必要の体系と生産物の体系は相互に適合している。しかし全体はほとんど整合的ではなく、必要についての相対的な整合性しかない。必要は動くものであり偶然的である。そこには客観的な技術進歩はない。産業の時代になってから、製造された物はひとつの整合性を得るが、それは技術の秩序と経済構造とに由来する。物の体系よりも必要の体系の方が整合的ではなくなる。物の体系は整合性を押しつけ、それによってひとつの文明にかたちを与える力を獲得する（シモンドン、前掲書二四頁）。また、《機械が一定の常数で、可変数（必要に適合する〈既製の〉物）の無限定なセリーを置きかえる》（マンフォード『技術と文明』二四六頁）とも言えるだろう。たしかにこういう転回のなかには、内的な構造化、単純化、限定されたもの、不連続なものへの移行、テクネームの構成と、それらのテクネームをつねにもっと大きく集中させることといった、ひとつの言語の萌芽がある。職人の仕事による物がパロールの段階にあるとすれば、産業技術はひとつのラングを作る。しかし、ラングは言語ではない。語るのは自動車のエンジンの具体的な構造ではなく、物のかたち・色・線・アクセサリー・《地位》である。そこにはバベルの塔がある。つまり、それぞれが自分のイディオムを語っている。しかしそのばあいも、シリーズ生産は、計算された差異、組み合わせられた変数を通してもろもろの意味作用を切断し、ひとつのレパートリーを作り、《パロール》の反復する様態が存在しうるような、かたちと色の語彙を作るが、それはひとつの言語であろうか。この巨大なパラディグムには、本当のシンタックスが欠けている。このパラディグムには、技術のレヴェルでの厳密なシンタックスもないし、非常にあいまいな必要のシンタックスもない。このパラディグムは、拡がったレパートリーのように一方から他方へと浮遊し、日常生活の面で、タイプとモデルとの結合した大きな格子のなかに消滅する。この格子には、不整合なもろもろの必要が不整合な状態で配分されているが、それらの必要が相互的に構造化されることはない。生産物にはもっと大きな整合性があるから、必要が生産物の方に逆流し、細分化しつつ、不連続化しつつ、物が作る格子のなかに困難ではあるが恣意的に入りこむ。結局、個人の必要の体系が、絶対的な偶然性を持つ物の世界を見えなくさせる。しかしこの偶然性は、何らかの点で物によってレパートリー化され、分類され、切断されている。だからこの偶然性は方向を与えられることができる(そしてそれが、社会・経済の面での、体系の現実的な目的性である)。

したがって、もしも産業技術の秩序がわれわれの文明を形成する力を得るとすれば、それはその整合性と不整合性という、二重になっていて矛盾したやり方によってである。つまり、《頂点における》その(技術的な)構造的整合性によって、また《基盤における》生産物の商品化と、必要を満足させるメカニズムの非構造的な(しかし方向を与えられた)不整合性によってである。ここから次のことが了解される。すなわち、言語はそれを語るひとによって自分のものとして消費も所有もされないので、もしも《本質的なもの》と交換のシンタックス(コミュニケーションの構造化)との可能性を持っているならば、非本質的なものと、必要という脱構造化した世界によって侵されている、物・広告の体系は、ディテールにおいてそこで満足することで足りるとし、集団的な交換の新しい構造を作りはしない。

P・マルチノーはまた次のようにも述べている。《たしかに購買者の種類と自動車の種類とのあいだに単純な関係は存在しない。人間存在は、無数の仕方で結合できる数多くの動機の複雑な集合体である。それにもかかわらず、さまざまな特徴とモデルでひとびとはおのれの個性を表現できると言える。》マルチノーはこの《人間化》についていくつかの例を示している。《自動車を選ぶのに保守的なひとは、威厳・成熟・まじめさの印象を与えたがる。……もうひとつのはっきりしたタイプの特性のある自動車は、軽薄すぎることも、まじめすぎもしないひと、前衛にはならないが流行に遅れないひとに選ばれる。

……さまざまな種類の人格には、革新者や超現代主義者なども含まれる。》おそらくマルチノーは正しい。その結果、人間は自分が所有し消費する物との関係によって規定される。しかしこのことはまた、それらの物がひとつの言語を構成してはいず、型のきまったあらゆる種類の人格と多かれ少なかれ恣意的に結び付いた、あらゆる種類の明確な規準を構成していることを示すものである。すべては消費の差異的体系が次のような切断に強力に役立つかのように進行する。

(1)消費者自身において、生きた全体性としての人格とは遠い関係しかない、必要のカテゴリー的諸分野を切断すること。

(2)社会全体において、何らかの物の集合体のなかにおのれを認識する、カテゴリー的な諸分野または《状態のグループ》を切断すること。そのばあい、物と生産物との階層化した全体は、以前にはもろもろの価値の全体が演じていた役割を厳密に演じている。集団の道徳は、こういう階層化した全体を基礎としている。

この二つの面において、個人的・社会的な世界の勧誘、強いられた推定、カテゴリー化がある。それらは物を出発点として、シンタックスのない、階層化された目録へと向かうものである。つまり、言語に向かうのではなく、分類の秩序へ向かうのである。すべてはあたかも、弁証法ではなく社会的な切断があるかのように進行する。そしてこの切断を通してひとつの秩序の設定があり、この秩序を通して、それぞれの集団にとっての（物において具体化された）一種の客観的な未来がある。要するに枠のなかに格子があるが、この枠の諸関係はむしろ貧弱になって行くだろう。《動機》について語る、幸福で悪賢い哲学者たちならば、物の支配が自由への最短距離だと自分を説得し、他人をも説得したがるだろう。彼らはその証拠として、必要と満足のこれ見よがしの混合、豊富な選択、その興奮によって、ひとつの文化の幻想を与えることができるような、供給と需要の全市場を望む。しかし、まちがってはならない。物はきわめて専制的に人間のカテゴリーを導く物のカテゴリーであり、社会的意味を規律し、物が生む意味作用を管理下に置く。恣意的であると同時に整合的な物の増殖は、これもまた恣意的で整合的な社会秩序全体を最もよく動かすものである。この社会秩序は、豊富さの支配下で効果的に実現される。

《ブランド》は、広告の中枢にある考え方であるが、それは消費の言語の可能性をよく要約している。今日、すべての生産物は（腐敗する食料品を除いて）、重々しい商標をつけて売られる。《その名にふさわしい》それぞれの生産物はひとつのブランドを持っている。（それはフリジデール〔冷蔵庫〕のように物の名としばしば代置される。）ブランドの機能は生産物を知らせることにあるが、その第二の機能は、感性的なコノテーションを働かせることにある。《競争が激しいわれわれの経済においては、技術上の優越性を長いあいだ維持できる生産物はほとんどない。もしもわれわれがそれらの生産物がよく売れることを望み、ひとつのブランドへの忠実さによって表される感情の執着を惹起したいと望むならば、そういう生産物を個性的にし、それらに連想やイメージを与え、さまざまなレヴェルでの意味作用を与えるような効果を、それらの生産物に与えなくてはならない。》（マルチノー、前掲書七五頁）

このように、消費者は心理的にふたたび構造化される。この再構造化は、物が多様に存在することと、数多くの意味作用とを同時に要約できる、フィリップス、オリダ、ゼネラル・モーターズといったことばに基づく。それは綜合の感性を要約する綜合のことばである。それは《心理的ラベル》の奇跡である。結局それは、われわれが物について語るただひとつの言語、物が作ったただひとつの言語である。壁に貼られ、意識にまつわりつくこの基礎的な語彙には、まさにシンタックスが欠けている。さまざまなブランドが次々に現れ、並置され、たがいに代置されるが、それには分節も移行もない。安定しない語彙で、たがいに他を侵し、それぞれが疲れを知らぬ反復で生きている。おそらくそれは最も貧しい言語であろう。意味作用で重くなっていながら、意味を持ってはいない。それは信号の言語であり、ブランドに対する《忠実さ》は、方向を与えられた感性の条件反射にほかならない。

しかしわれわれの哲学者たちは、(ラベルというきわめて貧しい体系のなかにそれらの力をふたたび組みこむことになっても)深い力を呼びおこすのはよいことではないかと反論する。《検閲から自由になれ。あなたの超自我を失敗させよ。あなたの欲望について勇気を持て。》ひとびとは、この深い力が言語になるのを本当に願っているのだろうか。この意味作用の体系は、今まで誰からも隠されていた地帯の意味を示せるのか。そしてそれはどういう意味なのか。もういちどマルチノーの述べていることを聞こう。《受け入れることができ、きまりきった型の用語を使う方が望ましいのは当然である。それは隠喩の本質そのものである(!)……もしも私が甘いとか美しいということの性質を文字通り規定できないのに、《甘い》たばこ、《美しい》自動車をほしいと言うとすれば、私はそれらのことばが何か望ましいものを示していることを知っているのである。平均的な自動車の運転者は、ガソリンのオクタンが何かを知らないが、それでもそれが何かよいものであることはおぼろげにはわかる。また彼はオクタン価の高いガソリンをほしがるが、それは彼が意味不明のことばを用いて求めているのが、好ましく本質的なこの性質だからである》（二四二頁）。換言すると、広告の言語の効果は、欲求を呼びおこしてそれを最もあいまいな用語で一般化しようとすることにほかならない。《深い力》は、最も簡潔に表現されると、コノテーションの制度的コードへと移される。そして結局《選択》は、このような道徳の秩序と、深いところにある私の軽い欲求との結合を固定させることにほかならない。これが《心理的ラベル》の錬金術である。(26)

このように《深い力》を型通りに呼びおこすのは、まったく単純にひとつの検閲と同じことになる。個人の完成というこのイデオロギー、罪を脱した衝動の勝ち誇ったような非論理は、実際には超自我を具体化しようとする巨大な試みにほかならない。物において《人間化》されているのは、まず第一に検閲である。消費について語る哲学者たちは、自由にさせればそれで十分な幸福の直接的な可能性として《深い力》について語るという点で、有利な立場にある。無意識的なものはすべて葛藤であり、広告がこの無意識的なものを動かす限りにおいて、広告は無意識的なものを葛藤として動かしている。広告は衝動を自由にはしない。広告はまず第一にこれらの衝動を阻害する幻想を動かす。そこから物のあいまいさが生ずるが、そこでは誰も自分を越えては行かず、欲求とそれを検閲するもろもろの力の存在という矛盾した状態でおのれを回復することしかできない。われわれはそこに、すでに分析したような満足感と挫折の包括的な図式を再発見する。物は、緊張という明白な解決の下で、けっして成功しない退行の下で、矛盾のたえまない更新を伝播する。おそらくここには、同時代の疎外の特殊なかたちの定義があるであろう。内面の葛藤そのもの、《深い力》は、生産の過程において労働力が動員され疎外されるのと同じように、消費の過程のなかで動員され疎外される。

何も変化してはいない。或いはむしろ、個人の完成に対する制限は、もはや抑圧するもろもろの法則、服従の規準を通しては行使されない。検閲は（購買・選択・消費といった）《自由な》行動を通して行われ、或る意味では享受そのもののなかに内面化される。

普遍的なコード：社会的地位　したがって、物・広告の体系は、この体系がその生きたシンタックスを持っていないひとつの言語を構成するのではなく、意味作用のひとつの体系を構成する。この体系には、コードにある貧しさと効果性がある。この体系は人格を構造化せず、それを指示し、分類する。この体系は社会関係を構造化せず、それをヒエラルヒーのある目録に切断する。この体系は、社会的身分を決める普遍的な体系として定式化される。すなわち《社会的地位》のコードである。

《消費社会》の枠のなかでは、社会的存在を規定する規準としての身分《ステータス》の概念はだんだんと単純化され、《社会的地位《スタンディング》》の概念と一致する傾向にある。そしてこの《社会的地位》は、権力・権威・責任によっても測られるが、結局は《リップの腕時計を持っていなければ、本当の責任はない》ということになる。あらゆる広告は、命令的な規準としての物にはっきりとかかわっている。《あなたは……を持っているかどうかで判断されます。……優雅な女性は……を持っていることでわかります》など。おそらく物はいつも目印の体系を作ってはきたが、しかしそれはほかの体系と並行してであり、しかもしばしばほかの体系に付随するものとしてである。（ほかの体系とは、身ぶり・儀礼・儀式・言語・生まれ・道徳的価値のコードなどの体系である。）われわれの社会の特性は、ひとを認識するほかの体系が徐々になくなって、そのかわりに《社会的地位》のコードだけが現れることである。このコードが、多かれ少なかれ社会的な枠と経済のレヴェルにしたがって存在するのは明らかである。しかし、広告は集団的な機能は、われわれをそのコードへと向けることにある。このコードは道徳的である。なぜならそれは集団の承認を受けており、このコードに対する違反はどんなものでも多かれ少なかれ罪とされるからである。このコードは全体を包むものであって、何ものもそこから逃れられない。個人の資格でこのコードから逃れても、集団の面でわれわれがこのコードの構築に毎日参加していないということにはならない。このコードを信じないことは、その動きのなかに、イロニーをもってさえ入るために、他人がまだそれを信じていると考えることである。このコードに反する行動でさえ、このコードに適合する社会によって維持されている。またこのコードには次のような積極的な面がある。

(1)このコードはほかのコードよりも恣意的ではない。われわれ自身の眼にとってさえ、価値の明白さは、乗りかえるバス、住む街、われわれを取り囲み、われわれを目立たせている数多くの物でもある。それ以外のものではない。しかし、あらゆる価値のコード（まず第一に道徳のコード）は、つねに部分的で恣意的ではなかったか。

(2)このコードは、ひとを認識するための徴表の社会化、全体的な世俗化を構成する。したがってこのコードは、社会関係のうち少なくとも形式的な関係からの解放と結び付いている。物は、財としてふえることによって物質的生活を許容できるものにするだけでなく、ひとを認識するための徴表としてふえることによって、人間の相互関係を許容できるものにする。社会的地位《スタンディング》の体系には、少なくとも、カースト・階級のあらゆる儀礼、そして一般的には社会的区別の以前にあった（そして内的な）規準のすべてを時代遅れにしてしまうという利点がある。

(3)このコードは、歴史上初めて、徴表と普遍的な読解との体系を構成する。この体系が他のすべての体系を排除するのを残念に思うこともできる。しかし逆に、（誕生・階級・機能といった）他の体系が徐々に衰えたこと、競争の拡大、最大になっている社会の動性、社会集団の加速度的な変化、言語の不安定、言語の増加――そういうことが明白で、簡明で、普遍的な、認識のためのコードの設定を必要にしている。毎日、何百万のひとたちがたがいに認識することなしに行きかう世界では、《社会的地位》のコードは、各人が独立した存在であるという基本的な要求を満たすことにより、本質的な社会機能をはたしている。

しかし、次のように考えなくてはならない。

(1)この普遍化・効果性は、価値の《言語》の徹底的な単純化・貧困化、ほとんど決定的な退行を代価として得られる。《すべてのひとは、そのひとが持っている物で評価される。》整合性は、組合わせまたは目録を作ることによって得られる。したがってそれは機能的な言語ではあるが、象徴的にも構造的にも貧しい言語である。

(2)読解と認識の体系が今日では誰にも妥当するという事実、価値の記号が完全に社会化・客観化されているという事実は、けっして真の《民主化》にいたるものではない。むしろただひとつだけの関与を強制することは、自分が目立ちたいという欲求を激化させるだけのように見える。この同質の体系の枠そのもののなかで、ヒエラルヒーを守りたい、ほかのひとから目立ちたいという、つねに新しい偏執がある。エチケットと言語に関する道徳上の障害がなくなると、新しい障害、新しい排除が物の領域のなかに現れる。階級もしくはカーストにかかわる新しい道徳が、今度はもっと物質的な、もっと避けることのできないもののなかに存在するようになる。

したがって《社会的地位》のコードは、今日では普遍的で、見て読み取れるような意味作用の体系を構成しつつあり、そして集団・社会表象のあらゆる段階での流動する循環を可能にしている。しかし、社会がそれによって透明になることはない。このコードはわれわれに対して、社会関係のにせの透明さ、にせの読みやすさのイメージを与えてくれるが、この読みやすさの背後では、生産と社会関係の本当の構造はあいかわらず読み取れない。社会が透明になるのは、意味作用の秩序の認識が、社会構造・社会事象の秩序の認識であるばあいだけであろう。物・広告の体系のばあいはそういかない。この体系が提示するのは、つねに共謀的で反透明な意味作用のコードにほかならない。また、この体系がその整合性によって明白な世俗化をもたらすとすれば、それはまた社会全体にあらゆる個人に対するその内在的で永続する裁判権を拡大する最良の手段でもある。

(1) モードについても同様である(R・バルト)。
(2) しかし、最初の広告が、奇跡的にきく水薬、素人療法、いろいろなやり方についてのものであったことを忘れてはならない。だから最初の広告は情報を与えるものではあったが、今日よりも底意のあるものであった。

(3) プラシーボー〔気休め薬〕は、医師が心身相関の患者に与える、毒にも薬にもならない物質である。こういう患者が、本当の薬によってと同じく、この何も効果のないはずの物質で直る例は稀ではない。プラシーボーによってこれらの患者は何を統合し、何を同化するのか。薬の観念プラス医師の存在。母と父とが同時にいること。このばあいも信念は、子どもの状況を回復させ、心身関係の葛藤を退行的に解決するのに役立つ。

(4) この分析は、マスコミ一般に拡大すべきであろうが、ここでは行わない。

(5) しかし、それが効果的に存在するためには表現される必要はまったくない。広告のイメージがひとつあれば、重要な役割を演ずるのに十分である。

(6) そこで、ある企業がスポンサーになっている放送では、感情的な共謀に対して広告放送は《ただいまの提供はシュニルでした》という最小限のものである。

(7) そこで、アメリカの都市の郊外の居住者たちは、市政サーヴィスの客観的な欠陥に対してではなく、心理的なサーヴィスの欠陥に対して抗議する。状況を認めさせるのに必要なことを、市は心理的にはやっていないのである（リースマン、前掲書二六〇頁）。

(8) 選択についても同様である（「モデルとシリーズ」を参照されたい）。物そのものはあなたに売られるが、物としての物の《全種類》はあなたに《提示》される。

(9) この選択、この広告があなたに《提示》されるためには、クレジットは基本的な技術研究よりも、モデルの《人間化》と広告の普及に向かわなければならなかった。心理的な意味であなたに《提示される》ものは、あなたに売られるものの技術的な質に基づいて除去される。このプロセスを小さいものにしてはならない。《発達した》社会では、このプロセスは非常に大きな規模になっているからである。しかし、広告が、脆さを除去し想像的なものを満足させることによって、物質的な要求を満たす技術進歩と同じ基本的な客観的機能をはたしていないと、誰が言えるであろうか。

(10) （胸・唇のような）いくつかの主なテーマは、おそらくエロチックであるよりも《養分になる》ものである。

(11) 広告を意味するドイツ語《Werbung》は、文字通り、求婚の意味でもある。《der umworbene Mensch》は、広告に影響されるひとであるとともに、性的に刺激されたひとでもある。

(12) 社会的な行為や集団の構造を変えようとする広告キャンペーン（酒、危険な行為に対する反対）が失敗してきたのは周知の通りである。広告は現実原則（集団の）に反している。広告は、個人的夢のなかにある個人を目標とする。おそらくただひとつ効果的な命令は与えよという命令であろう。（なぜなら、それは満足感の可逆的体系に入るからである。）

(13) ネガティヴな広告またはイロニーの広告は反用（antiphrase）であるが、反用は夢にある周知の方法である。

(14) 東西間の政治状況を考慮しなくてはならないのは明瞭である。しかしまた、彼らが知っているような広告の不在が東欧に対する彼らの敵意の現実的な動機（ほかの動機もあるが）であるとも言える。

(15) 満足感のこの体験の背後に、計画化・中央集権・官僚制といった権威のあらゆる体系が強化されるのが見られる。——党・国家・機構がこの広大な母性的イメージの背後で支配力を強化し、現実的な異議申し立てをしだいに不可能にしている。

(16) この分析は、物の体系のなかへ移すことができる。物もまた統合の強力な役割を演じうるのは、物もあいまいだからであり、物が単なるひとつの物であるだけではなく、人間関係の不在から見られている（広告の記号が実在する物の不在から見られているのと同じである）からである。しかし、物の実用的な特殊性によって、実在の不在から見ることは、広告の記号のばあいよりも非難されない。

(17) それぞれの広告の記号はそれだけで、このひとを認識するトートロジー体系を示している。なぜならそれはつねに同時に広告として示されるからである。

(18) これは或る程度は、レヴィ＝ストロースのいうトーテム体系の機能ではないだろうか。恣意的なトーテム記号を通して、持続するその内在性のなかに見られるのは社会秩序である。そこで、広告は記号のコードの貧困、アルカイックな体系の貧困へと（《ブランド》のレパートリーのなかで）戻った文化体系の到達点であろう。

(19) 競争という用語はあいまいである。《競争》する者は対立すると同時に集中する。熱心に対立することによって同じ目標に向かって最も確実に《競争》がされるのである。技術進歩の或る段階において（特にアメリカで）、同じ種類のすべての物が最後には等しいものになり、差異を強制すると、同じ規準によって毎年その物の全部を変えることしかできなくなる。同様に、選択が極度に自由になると、同じ物を持ちたいという儀礼的な強制がすべてのひとに及ぶことになる。

(20) アメリカでは、自動車・冷蔵庫のような重要な物は、年単位で耐用期限があらかじめ示され、きめられる傾向がある（テレビは三年、アパートはそれより少し長い）。社会的地位という規準は結局は、物の新陳代謝、しだいに早くなるサイクルを課すことになる。今日、アメリカ市民の真の道徳になっているのはこの新しいサイクルとそれに従う必然性である。それは自然のサイクルとは非常に違ってはいるが、奇妙なことに時折は以前の季節のサイクルと一致してしまうことがある。

(21) このことは広告における vous のあいまい性のなかに完全に要約されている。英語の you も同様である。《Guiness is good for you.》これは礼儀の（したがって人格化する）特異なひとつの定式なのか、それとも集団への呼びかけであろうか。この vous は単数か複数かというと、両方を意味している。他のすべてのひとに似ているという意味でのそれぞれのひとである。要するにそれは格言で使われる vous = on である。（Cf. Leo Spitzer, *Sprache im technischen Zeitalter*, déc. 1964, p. 961）

(22) ブリジット・バルドーのヘアスタイルが流行だったころ、流行を追う女性の特徴は自分の眼であった。というのはその女性は自分に似た多数の女性のまねをするのではなく、バルドーそのひとのまねをしていたからである。バルドーは、最高の原型であって、その原型から独創性が生まれたのである。極限では、同じ精神病院のなかで自分をナポレオンだと思う患者が四、五人いてもさしつかえはない。なぜならそのばあい、意識は実在する関係によってではなく、想像のなかで決定されるからである。

(23)『欲望の戦略』

(24)『ユダヤ人問題によせて』におけるマルクスの図式を使うならば、消費社会に生きる個人は、消費者としては自由であるが、個人としては自由ではない。形式的な解放である。

(25) 値切ること、中古品を買うこと（機会があれば）、ショッピング（忍耐と遊び）など、購買を人間化するほかの方法もあるが、それは古い方法である。そういう方法が古いのは、製品が受動的で、買うひとが能動的だと考えているからである。今日では人間化のすべての主導権は広告に移っている。

(26) 実際、広告を呪術と比べるのは、広告に対する非常な名誉である。錬金術師たちの唯名論的な用語は、研究・解読の実践によって構造化された真の言語のいく分かを含んでいる。《ブランド》という唯名論は純粋に内在的であり、経済の命令によって固定されている。

結論　《消費》の定義に向かって

これまで私は、さまざまなレヴェルで、体系的なプロセスのなかでの物との関係を分析してきたのであるが、その結論として《消費》の定義をしておきたい。というのは、消費の定義は、この領域のなかでの実際行動のあらゆる要素が到達するところだからである。

実際われわれは消費を、産業文明の特徴となる様態と考えることができる。ただし、必要を満たすプロセスという、これまで一般に受け入れられてきた見方を一度すっかり清算するという条件がある。消費は、行動（と疎外）の素朴な図式に均衡を与えるために、生産という能動的なあり方と対立する、吸収と所有という受動的なあり方ではない。消費は関係（物に対する関係だけではなく、集団と世界とに対する関係）の能動的なあり方であり、われわれの全文化体系の基礎となる、体系的な活動と包括的な対抗との世界であることを、最初からはっきりと言っておかなくてはならない。

消費の対象が物質的な物・生産物ではないことをはっきり言っておかなくてはならない。そういうものは、必要と満足感の対象にすぎない。あらゆる時代においてひとびとは、買い、所有し、楽しみ、使ったが、けっして《消費》はしなかった。《未開人の》祭、封建領主の浪費、一九世紀のブルジョワの贅沢、そういうものは消費ではない。そして、現代社会について消費ということばを用いるのが正しいとしても、それはわれわれがより良いものをもっと多く食べるということではなく、より多くの道具とガジェットを使っているということでもない。財が沢山あること、必要の充足は、消費の定義には不十分である。それらは、消費の定義のための前提条件にすぎない。

消費は、物質にかかわる行動ではなく、《豊富さ》の現象学でもない。それは食料品によっても、衣服によっても、自動車によっても、イメージとメッセージという、口で伝えたり目で見える実体によっても定義されるものではなく、そういうもののすべてを意味作用を持つ実体に組織することとして定義される。消費は今や多かれ少なかれ整合的な言説として構成されている、すべての物・メッセージの潜在的な全体である。消費はそれがひとつの意味を持つ限りにおいては、記号の体系的操作の活動である。

伝統的な、象徴としての物（道具・家具・家そのもの）、実在する関係の媒体もしくは体験された状況の媒体——その実体・形式のなかに、この関係の意識的または無意識的な力学をはっきりと刻印していて、そのために恣意的ではない物——、消費と結び付き、消費が浸透し、消費で重くなったこの物、しかし内面性の関係と、（集団的または個人的な）人間的な事象・行動への移行性の関係によってつねに生きている物、こういう物は消費されない。消費される物になるためには、物は記号にならなくてはならない。つまり、意味作用だけをする関係に対しては何らかの仕方で外的でなくてはならず、そのためにこの具体的な関係に対しては恣意的であって整合的であってはならない。しかしこの記号は、この整合性を導入しており、それによって他のすべての記号としての物に対する抽象的・体系的な関係のなかで、その意味を取り入れている。物は記号になることによって《人間化》し、シリーズに入るなどの変化をする。それはその物質性においてではなく、差異において消費される。

このように、物は記号の体系的状態の方へと転回するのであるが、この転回には、それと同時になされる人間関係の変化が含まれていて、これが消費の関係になる。つまりそれ自体を消費しようとする。（ただし物を通して《完成する》ということと、《なくなる》という消費の二つの意味においてである。物はこの二つのことによって強制された媒体になり、そしてただちに代理の記号、アリバイになる。）

消費されるものが関係そのものであって、けっして物ではないことが了解されよう。この関係は意味されているものであり、不在であり、内包するものであると同時に排除するものである。関係を見るようにさせる物のシリーズのなかで消費されるのは、関係という観念である。

この関係はもはや体験されず、それが消費される物＝記号のなかで抽象化し廃棄される。関係／物というこの状態は、生産の秩序によってあらゆるレヴェルでまとめられる。すべての広告は、生きていて矛盾する関係が生産の《合理的な》秩序を乱してはならないこと、この関係が、他のすべての関係と同じように消費されなくてはならないことを示唆しているのである。広告がこの関係のなかに入りこむためには、《人間化》されなくてはならない。私はここでマルクスによる商品の分析の明白な論理の到達点と一致する。必要・感情・文化・知識と同じく、人間に固有の力は、商品として生産の秩序のなかに組みこまれ、生産力として具体化されて売られることになる。今日では、すべての欲求・企図・計画、すべての情念と関係が記号と物とに抽象化（または具体化）されて、買われ、消費される。たとえば夫

婦であるが、その客観的な目的は、物の消費、特に関係を表すすでに象徴的な物の消費である。(1)

ジョルジュ・ペレックの小説『物』(*Les Choses*, Lettres Nouvelles, 1965) は次のような書き出しで始まっている。《眼は最初、長く、天井が高く、せまい廊下に敷かれた灰色の絨緞にそって動くだろう。壁には明るい木製の戸棚がはめこまれ、その銅の金具が光っているだろう。三枚の複製画……その先には革の壁掛けがあって、それはニスを塗った大きな木製の輪で吊るされているが、ちょっとさわれば落ちてしまうだろう。……〔その先には〕奥行きおよそ七メートル、間口三メートルの居間があるだろう。左側には一種の壁の凹《アルコーブ》みがあり、そこには擦り切れた黒皮の大きな長椅子があり、その両側には白い桜材の二つの書棚があって本が乱雑に積まれてあるだろう。その長椅子の上のパネルいっぱいに、中世の海港地図が貼られているだろう。低い小さなテーブルの向こう側、大きな頭のある三本の銅の釘で壁に掛けられている絹製の祈禱図――それは革の壁掛けに付いているのだが――その下に、第一の長椅子と直角の位置にある、明るい茶のビロードのカバーのしてあるもうひとつの長椅子があるだろう。その長椅子の向こうに足の高い小さな家具があるが、その家具には暗赤色の塗料が塗ってあり、そこには三枚の板があって、瑪瑙《めのう》、石製の卵、かぎ煙草入れ、ボンボン入れ、硬玉の灰皿といったがらくた品を乗せることになるだろう。もっと先のところには……閉められたステレオのそばに小さな箱とレコードがあるだろう。このステレオには、曲線模様のついたスチールのボタンが四つついているのが見えるだけだろう……》(一二頁)。この部分を読むならば、この《室内》の濃厚で柔らかなノスタルジーにもかかわらず、ここでは象徴的な価値を持つものが何ひとつないことは明らかである。事物のなかにいかなる人間関係も記述されていないことを知るためには、この小説の描写と、バルザックの小説における室内描写とを比べれば十分である。ペレックの小説ではすべては記号であり、それも純粋な記号である。それらの記号はいずれも現存と歴史を所有しないが、しかしどれも東方的・スコットランド的・初期アメリカ的などの関与に満ちている。これらすべての物には、特異性しかない。それらの物は（その関与的な存在様態である）差異のなかへと抽象化され、この抽象化によってまさに結合されている。われわれは消費の世界のなかにいる。(2)

さて、先ほどの物語の続きは、物／記号のこのような体系の機能をかいまみさせてくれる。これらの物はひとつの関係を象徴化せず、たえまのない《関与》のなかでこの関係に対して外的であり、二人の当事者の非存在のなかのいたるところに読み取られうる、この関係の空虚を記述する。ジェロームとシルヴィーは夫婦としては存在しない。彼らのただひとつの実在は《ジェロームとシルヴィー》であり、物の体系のなかでの、透明化する、純粋な共謀である。物の体系はこの共謀を意味表現しているのである。われわれはもはや、物が不在の関係に機械的に代置されて空虚を満たすとは言わない。物は、関係の場であるこの空虚を記述する。それは、この関係を体験するのではなく、生きる可能性へとつねに（全体的な退行のばあいを除いて）この関係を指示する運動のなかにおいてである。この関係は、物の絶対的な積極性のなかに埋没することはなく、意味作用の連鎖の物質的ないくつかの点と結び付くのと同じく、物とも結び付く。――ただし、物のこのような意味作用的位置配置は、多くのばあい貧しく、図式的で、閉ざされている。そこでくり返されるのは、生きる機会を与えられない、関係という観念だけである。革の長椅子、ステレオ、がらくた、硬玉の灰皿、こういった物のなかで意味作用をし、《消費》され、したがって体験された関係として廃棄されるのは、関係という観念である。

このことは、消費を全体的で、体系的な観念論的行為として規定する。この行為は物との関係と個人相互の関係をはるかに越えて、歴史・コミュニケーション・文化のすべての領域に拡がる。このように、文化に対する要求は生きたものである。しかし豪華本や食堂の壁に掛けられた俗悪な絵において消費されるのは観念だけである。革命的な要求は生きたものである。しかし、行為として現実化されることがないので、この要求は革命の観念のなかで消費される。実際、観念である限りにおいて革命は永遠であり、他のいずれの観念とも同じように永遠に消費されうるものである。すべての観念が、最も矛盾したものであっても、消費についての観念論的な論理のなかで記号として共存できるからである。そうすると革命は、組合わせの用語法、直接的な語彙のなかで意味作用をする。この直接的な語彙においては、革命は完成したものとして与えられ、そこで革命は《消費》される。(3)

同じように、消費される物は、記号の観念論的な語彙を構成する。この語彙においては、捉えどころのない物質性のなかで生きる計画そのものが示される。このこともまたペレックの小説のなかに読み取ることができる(一五頁)。《彼らには時折、本で隠された壁のあいだ、まったく家のものになったので、そこで使用されるのに作られたといつも思われてしまうような物のあいだで、ひとつの生活全体が調和して進行できるかのように見えるだろう。……しかし彼らはそこにつながれているとは感じないだろう。或る日、彼らは冒険に出かけるだろう。彼らに不可能な計画はないだろう。》この文章はまさに条件法で書かれてはいるが、この本はその条件法を否認している。つまり、計画はなく物だけがある。或いはむしろ、計画は消えず、物のなかの記号としての現実化で満足した。消費される物は、まさに計画が《あきらめる》ものである。

消費には限界がないということがこれによって説明される。もしも消費が、ひとびとが素朴に受け取ること、つまり吸収し、むさぼることであれば、ひとびとは満足に達しなくてはならないだろう。もしも消費が必要の体系に対して相対的であるならば、ひとびとはひとつの満足に向かわなくてはならないだろう。しかしわれわれはそうではないことを知っている。ひとびとはしだいに多く消費することを望んでいる。消費へのこのような強迫衝動は、（今まで酒を飲んできた者はこれからも飲むだろうといった）何らかの心理的な運命によるものではなく、また社会的威信という単純な強制によるものでもない。もしも消費が抑え切れないものに見えるならば、それはまさに消費が（或る限界を越えると）、必要の満足とも、現実原則とも無関係な、完全な観念論的行為だからである。それは消費が、つねに失敗し、物のなかに示唆されている計画によって原動力を与えられているからである。記号のなかで直接化された計画は、その存在にかかわる原動力を、消費の物／記号の体系的で無限定な所有の方へと移行させる。そうすると消費は、そのままであろうとして、たえずそれ自体を越えるか、反復することしかできない。それが消費の生きる理由である。生きるという計画そのものが、細分化され、欺かれ、意味表現されて、継起する物のなかでふたたび取り上げられ、そして廃棄される。したがって、消費を《柔らげ》たり、或いは消費を正常化するのに適した、必要の格子を作ろうとするのは、素朴であるか不合理な道徳主義に由来する。

消費という体系的で無限定のプロセスが現れるのは、計画の根底にある、計画性への失敗した要求からである。観念性を持つものとしての物／記号は、それぞれ等しい価値を持ち、無限に増加できる。それらの物／記号は、不在の現実をつねに満たすためにはそうでなければならない。消費が抑えがたいのは、結局それがひとつの欠如に依存しているからである。

(1) そこでアメリカでは、毎年エンゲージリングを変えたり、夫婦のあいだの関係を贈り物や《共同での》買物によって《意味表現》することが夫婦に勧められる。

(2) G・ペレックの《室内》に関しては、われわれは《シリーズの》物にではなく、流行によってすでに透明になった物にかかわる。この室内を支配しているのは、全体的な文化の束縛、文化のテロリズムである。しかし、それは消費の体系そのものに変化を与えはしない。

(3) ここでは語源が役に立つ。《すべてが消費される》は《すべてが完成される》と、そしてたしかに《すべてが破壊される》と同じ意味である。革命が革命の観念のなかで《消費》されるということは、革命がそこで（形式的には）完成され、それ自体を廃棄することを意味する。実現されたものとして与えられているものは、今や直接に消費できる。

訳注

〔一〕サン・テチエンヌはロワール県の県庁所在地で、ここで言及されている兵器製造所は一八八五年に設立された。

〔二〕充当は investissement の訳語で、精神分析・心理学の用語であり、通常は《心的エネルギーを行動や対象に向けること》（『ロベール』）と定義される。カセクシスという用語が用いられることもある。

〔三〕この部分、Denoël／Gonthier 社刊の Bibliothèque Médiations 版にはおよそ一行の脱落がある。

〔四〕surdétermination の訳語。精神分析の用語で、ひとつの行動が複数のたがいに競合する要因によって決定されること。《重層決定》《過剰決定》という訳語が用いられることもある。

〔五〕Gilbert Durand（1921- ）はグルノーブル大学の教授で、特に想像力の問題に関してバシュラールの仕事を継承・展開している。ここで言及されている『想像力の人類学的構造』（*Les structures anthropologiques de l'imaginaire*, P.U.F., 1960）はデュランの代表的著作である。（ただし今日入手できるのは一九六九年刊の Bordas 社の第三版であり、ボードリヤールがここで指示している同書四六頁というのは一九六〇年の初版または一九六三年の第二版について言っているものと思われる。）この大著の内容を簡潔にまとめたのが、一九六四年の『象徴の想像力』（宇波彰訳、せりか書房刊）である。

〔六〕パッカードの『浪費をつくり出す人々』（南博、石川弘義氏訳、ダイヤモンド社刊、パッカード著作集第三巻、三一二頁）には、或るデザイン・エンジニアの次のような記述が引用されている。《私の考えでは、今日の自動車デザインの傾向は、もっとも驚くべきアメリカの道徳の腐敗を意味する。これほど国民所得の多くが不要なガラス、尾部のかざり、オーバー・ハングなどにむだ使いされてくると、連邦政府は自動車の重さと馬力に税金をかけるべきだという考えすらでてくる。》ボードリヤールの記述はこの部分について述べているものと思われる。

〔七〕*Joli Mai* は、フェルナンデス・ラヴィ（Fernandes Lavie）の一九五九年の著作。

〔八〕この部分の訳文は、野田一夫・小林薫両氏による翻訳（ダイヤモンド社刊、パッカード著作集第二巻、六六頁）を使用させていただいた。

〔九〕　ラ・ブリュイエール、関根秀雄氏訳『カラクテール』下巻、岩波文庫、一二―一三頁。ただし、仮名づかいだけを改めた。

〔一〇〕　ケイロンはクロノスの子であるが、アキレス、ヘラクレスらの教育にもたずさわったとされている。

〔一一〕　Tristan Bernard (1866–1947)　フランスの作家・劇作家。ユーモアのある作品で知られているという。

〔一二〕　Jean Tinguely (1925–　)　スイスの彫刻家。

〔一三〕　この部分は仏訳をそのまま邦訳しておいたのであるが、『浪費をつくり出す人々』の南博、石川弘義氏による訳によって、これに相当すると思われる部分を示すならば次のようになる。(同書五九頁)

《……製品が廃物にされる、三つのやり方を区別することにしたい。
機能の廃物化――よりよい機能をもった、新しい製品が導入されて、現在の製品が流行おくれになる場合。
品質の廃物化――比較的短い時期に、ある時点で、製品がこわれるか、あるいは消耗してしまうように計画する。
欲望の廃物化――品質、あるいは機能の点で、まだ健全な製品が、スタイルその他の変化のために、心理的にそれ以上望まれないものとして「古くなる」。》

(この部分は仏訳と邦訳にかなり違いがあるので、特にこのような措置をとった。)

〔一四〕　『浪費をつくり出す人々』邦訳五八頁参照。

〔一五〕　同書六二頁参照。

〔一六〕　エピナルはフランス東北部ヴォージュ県の県庁所在地であり、一九世紀の初めごろから民衆版画の製作で有名。

〔一七〕　『浪費をつくり出す人々』邦訳一八頁参照。仏訳はかなり違っているが、ここでは仏訳によって訳出しておく。

訳者あとがき

本書は、Jean Baudrillard, *Le système des objets*, Éditions Gallimard, 1968. の全訳である。なお、本書は今日では Denoël/Gonthier 社刊の Bibliothèque Médiations 叢書第九三番にも入っている。

ジャン・ボードリヤールは一九二九年生まれのフランスの社会学者で、今日までに刊行された著作は次の通りである。

1. *Le système des objets*, 1968.（本書）
2. *La société de consommation, ses mythes, ses structures*, Denoël, 1970.（今村仁司・塚原史共訳、『消費社会の神話と構造』紀伊国屋書店刊）
3. *Pour une critique de l'économie politique du signe*, Éditions Gallimard, 1972.（このなかの一章「フェティシズムとイデオロギー、記号論的還元」は雑誌「現代思想」一九七八年七月に拙訳によって掲載されている。全訳は、今村仁司・塚原史・宇波彰の共訳によって法政大学出版局より一九八二年に刊行の予定）
4. *Le miroir de la production*, Casterman, 1973.（宇波彰・今村仁司共訳、『生産の鏡』法政大学出版局刊）
5. *L'échange symbolique et la mort*, Gallimard, 1976.（今村仁司・塚原史の共訳により、日本ブリタニカより刊

行の予定)
6. *Oublier Foucault*, Éditions Galilée, 1977.（西沢文昭氏の訳により、「エピステーメー」一九七八年一月号に掲載）
7. *L'Effet Beaubourg*. Éditions Galilée, 1977.
8. *A l'ombre des majorités silensieuses*, Cahiers d'Utopie, 1978.
9. *Le P.C. ou les paradis artificiels du politique*, Cahiers d'Utopie, 1978.
10. *De la séduction*, Éditions Galilée, 1979.（法政大学出版局より刊行の予定）
11. *Simulacres et simulation*, Éditions Galilée, 1981.

このような彼の著作の集積を見ると、ボードリヤールには社会学者というレッテルからはみ出るものがあることはたしかだが、とにかく現在はパリ大学で社会学の教授の地位にある。しかし『物の体系』の刊行までにボードリヤールはブレヒトの詩やペーター・ヴァイスの戯曲のフランス語訳を行なっていて、ドイツ文学に対する深い関心を示した。のちに『象徴交換と死』のなかに、ヘルダーリンやブレヒトからの引用が見られるのは、ボードリヤールのドイツ文学への関心の現れであると見ることができる。また、ヴィルヘルム・ミュールマンの『第三世界の革命的メシア思想』のフランス語訳もあり、さらに雑誌「タン・モデルヌ」において文芸時評の仕事も担当したことがあるという。

ボードリヤールは《一九六八年五月》を重要な事件として体験し、かつ理解しているように思われるが、『物の体系』はこの一九六八年に刊行された。ベルナール・カトレの『広告と社会』に、エドガール・モランは序文を書いているが、この一九六八年に書かれた序文のなかで、すでにモランは広告の分析に関する『物の体系』の所論を高く評価している。ボードリヤールが、『キッチュの心理学』の著者アブラム・モールらとともに、モランを中心とするグループに属していることに注意すべきであるが、『物の体系』には当時の支配的な思想であったとみられる構造主義もかなりの影響を与えているように感知されるし、さらにロラン・バルトの影響下に記号論的な思考があることも否定できない。つまり、物を物理的な物体と見たり、ハイデッガーのように、物を物理的存在と見ると同時に《世界内存在》にとっての直接的世界としての道具として見る立場、つまり、物を物そのものとして見る立場を拒否し、物をまず何よりも記号として把握し、しかもこの記号を体系を持つものとして考えようとする。記号が記号として成立するためには、記号が一定のコードのなかに存在することが不可欠であり、そういうコードに乗っている記号の全体が記号の体系であり、ボードリヤールのばあい、それがまさに《物の体系》なのである。そしてこういう《物の体系》はけっしてそれ自体として存在しているのではない。つまり《物の体系》は再生産され消費されることによって初めて物の体系になる。『物の体系』のなかでは、まだ再生産の問題は十分には考えられてはいないが、少なくとも消費の側面に関しては『物の体系』の結論の部分ではっきりと次のように記されている。《消費される物になるためには、物は記号にならなくてはならない。》記号になるということは、すでに述べたように一定のコードの上に乗るということにほかならない。こういう記号としての物は、使用価値よりも交換価値を持つものであり、記号としての象徴的価値や、ばあいによってはフェティシュ的な価値を持つ。こういう特徴を持つものとしての物の考察は、物理学やハイデッガーの立場からの物の考察とは質的に異なるのであって、そこには、物から記号へという徹底的な思考の転回があると見なくてはならない。ただし、『物の体系』の段階では、ボードリヤールの理論の源流をまだはっきりと位置付けることはできない。そこには、ヴェブレンやベンヤミンの思考の影響はまだ見られず、パッカード、リースマン、ロラン・バルトの姿が見え隠れしている。しかしこの『物の体系』の思想は、やがてはヴェブレン、ベンヤミンへと遡行して結合する要素を内包している。

物を消費の対象として考えるとき、それは具体的には家・自動車・電気製品・コレクションといったものである。特に、《ガジェット》と呼ばれる、ちょっとした便利なもの、たとえば電卓とかラジカセといったようなものについて考えると、それらの物は人間よりはるかに短命である。以前の家庭にあった大きな掛時計・姿見や家族の写真などはしだいに消えつつある。つまり、物と人間の関係が逆転し、人間の方が、次々と変化する物が登場する劇の観客になっているのである。だからボードリヤールは《物の体系》とは言っても、人間不在の物論を展開しているのではない。ボードリヤールは『物の体系』のなかで次のように書いている。《技術と物の体系は、それを作った人間相互の関係の体系が動かなくなり、あるいは後退しているときに、どうして調和して進歩することがありえようか。》換言すればボードリヤールは、人間相互の関係の体系も、不調和な状態で後退しつつあると主張しているのである。つまり、ボードリヤールの所論は、現代社会の分析であると同時に、あるいはそれ以上に現代社会への批判である。ボードリヤールは、《物の体系の記述は、この体系の実践的イデオロギーの批判なしでは行われない》と書いている。『物の体系』こそは、それ自体で存在する物から、記号としての物へという二〇世紀の思考の軸の重要な転回を意識的に記述した重要な著作である。

ボードリヤールはこの『物の体系』に続いて、一九七〇年には『消費社会の神話と構造』を刊行して、物を記号として消費する社会そのものの構造を明らかにした。さらに一九七二年には『記号の経済学批判』によって、記号としての物の特徴を一層明らかにするとともに、ここでようやくマリノウスキー、ヴェブレンなどの所説を展開して、独自の《象徴交換》という考え方に到達する。つまり、マリノウスキーがトロブリアンド諸島での調査で明らかにした《クラ》と呼ばれる物の交換プロセスの分析からボードリヤールは、物には経済的な機能と記号的機能があるとし、後者の重要性をあらためて確認し直すことから《象徴交換》の概念にいたる。またヴェブレンが『有閑階級の理論』で述べた衒示的消費、ポトラッチ型消費の概念も十分に消化され、展開されているが、そういう所論の基本になっているのは、《物は人間の必要を満たす場ではなく、象徴的作業の場である》という立場である。物の使用価値ではなく、物の交換価値を、まさにそれらが象徴的に、記号として交換されるプロセスについて考察することがボードリヤールの仕事であった。二〇世紀思想のひとつの成果としての象徴機能論が、ボードリヤールによってひとつの段階にまで高められたと私は考える。『記号の経済学批判』は雑誌論文を集めたものであり、統一性に欠けるという批判もありえようが、彼の《象徴交換》という基本概念を知るためには不可欠の文献と言わなくてはならない。

『消費社会の神話と構造』が物の消費の問題を、『記号の経済学批判』が記号としての物の存在様態をそれぞれ分析することによって現代社会への批判となっているのに対し、一九七三年に発表された『生産の鏡』は、小著ながら、これまでの理論のなかで役割を演じてきた《生産》の概念そのものに批判を加えているのであって、ボードリヤールの思考のひとつの転回点となる重要な著作である。

この『生産の鏡』のなかでボードリヤールは、まず最初に今までの《生産》論が生産の内容、生産様式についての理論であって、生産のかたちについての考察ではなかったことを批判する。この批判の対象としては、いわゆるテクスト生産の理論を主張するクリステヴァや、人間を欲求する機械であるとして、この欲求する機械の生産を問題にするジル・ドゥルーズも含まれる。またこの著作のタイトルになっている《生産の鏡》における《鏡》とは、ラカンの所説にいう《鏡像段階の理論》の鏡との連想で語られているものにほかならない。事実、ラカンのボードリヤールに対する影響力はかなりのものがあると見なくてはならないように思われる。また、ボードリヤールの所論には、すでに述べたようにエドガール・モランの考えもかなり大きな影響を与えてきているように思われる。つまり、ボードリヤールの思想には、同時代の先頭に立つひとたちの思想が何らかのかたちで吸収され反映されていると考えなくてはならないだろう。

《生産の鏡》とは、《生産という鏡》のことにほかならない。つまり西欧人は生産という概念におのれをうつすことによって、人間は自己自身を知ろうとしてきたというのである。《生産》それ自体は経済学の概念であっても、それはもっと広い範囲で機能して来た概念である。生産という鏡には、《西欧の形而上学のすべてが映っている》のである。だから、この鏡をこわすことによって、西欧思想に対する根本的な批判が可能となるはずである。《生産の鏡》の破壊を求めること、それが『生産の鏡』の論点である。

ボードリヤールはこの『生産の鏡』のなかで、それまでの著作で展開してきた理論に依拠しつつ、《本質的なことは生産ではなく流通である》という立場を明確にし、生産の役割がこれまで過大に評価されたことを批判する。生産よりも流通が本質的に重要であることは、一九二九年の大恐慌によって明確になったとボードリヤールはくり返し言っている。換言すれば、ボードリヤールの所論はいわゆるポスト・インダストリアルの時代に対応するものである。

『生産の鏡』では、まだ生産と再生産とをはっきり対立させて考えてはいず、おそらくそういう思考が可能になるためにはベンヤミンの理論の導入が必要だったように思われる。しかしその準備段階として、生産とか労働力という概念の絶対視をやめることが求められるのである。

ボードリヤールによれば、マルクス主義の理論は、階級と生産様式とを基礎概念としている。しかしそのようなマルクス主義の理論では、全体的な社会的実践は解明することができないのであるから、この理解の根底にある《生産》という鏡をこわし、それにかわる《象徴交換》の概念を明確にしていかなくてはならない。そのための考察の道を拓いたのがこの『生産の鏡』であると言えよう。『記号の経済学批判』と『生産の鏡』で素描された《象徴交換》の理論は、一九七六年の『象徴交換と死』のなかでさらに展開された。『生産の鏡』ですでにかなり明らかになったボードリヤールのマルクス主義批判は、ここではさらにはっきりしたかたちを取るようになる。『生産の鏡』では、いわば生産という考え方の破壊が、理論の領域で求められていたのに対して、この『象徴交換と死』では、現代社会で現実に行われる生産の終末が語られる。つまり、産業革命以後は、物や商品が生産されるというよりは、ひとつのモデルの再生産が行われるという状況が成立したのである。これはベンヤミンが「技術時代における複製芸術」のなかで説いたことに対応している。ボードリヤールのいう再生産と、ベンヤミンのいう複製とが、同じ reproduction であることに、あらためて注意すべきであろう。

ボードリヤールは、《産業革命とともに、記号と物との新しい世代が始まる》と書き、現代はひとつのモデルの再生産の時代であって、生産・再生産・消費というすべてのプロセスのなかでは、生産は単にひとつのエピソードにすぎないことを主張した。再生産が生産を吸収してしまうことに気付いた最初のひととして、ボードリヤールはベンヤミンとマクルーハンの名をあげている。彼らは、現代社会では生産が終ったこと、生産にはもはやいかなる意味もないことを告知したのである。今や生産から消費へという直線は消去された。しかしこのことは単に経済や社会の領域での現象に留まるものではない。すでに述べたように、ボードリヤールは物について語るときでもけっして人間と無関係な物について語っているのではない。いわば彼は《象徴機能の人間学》を語っているのである。生産から消費へという直線が消去されたということは、人間にとっての目的性の喪失を含意しているとみなくてはならない。ボードリヤールがジャック・モノーの所説に共感しているのはそのためであろう。事実、ボードリヤールは現代社会での《ディスクールの破壊》という現象に注目する。現代文化はしばしば問と答というかたちを優先させ、主語と述語とから成るものとしての言語表現(ディスクール)をかならずしも必要としなくなっている。ロボット、電子機器はすべて問と答という形式で行動する。それはすでにディスクールの破壊であり、また、答えられない問は存在しえないことになって、たとえば問うことを基本とする哲学は消滅する。

ボードリヤールは、《生産・労働・経済学の終焉》という。これは再生産のなかに生産が吸収されてしまった結果である。たとえばボードリヤールは次のように書いている。《ひとは、ひとつの意見を生産してはならない。すべてのひとが世論を再生産しなくてはならない。》オリジナルな意見というものがもしもあったとしても、それは再生産され、複製されて行く全プロセスのなかではほとんど価値を持たなくなるだろう。

これは、意見・世論というかたちのないものについての所論である。しかしこのことは通常の物・商品についても妥当するのであって、ボードリヤールは大きな皮肉をこめて次のように書いている。《意見についても、物

資材についても、生産は死んだのだ。再生産、万歳！》

生産が死に、再生産が盛んになっている以上、生産というものを基盤としているマルクス経済学が現代社会の分析には無力になるというのがボードリヤールの説くところであり、それが《経済学の死》である。ボードリヤールは《生産的労働という幻想》を捨て去ることを求めるのである。

生産は死滅し、象徴交換と流通だけがある。ボードリヤールは『象徴交換と死』のなかでは、生と死との象徴交換さえも考察している。未開社会では生者とその分身（霊魂）との象徴交換が可能であった。近代の合理主義社会はそういう可能性を除去することによって、近代の自我主体の閉鎖性を創り出してしまったのである。生と死との交換が不可能になったところ、生と死とが分離してしまったところに、精神分析における無意識の概念が求められてくるのである。《われわれの文化は、生を死から分離しようとする巨大な努力にほかならない。》この努力によって主体は孤立し、生と死の象徴交換はなくなった。この分離によって、《死への衝動》とか《無意識》といった考え方が成立してくるのである。

ボードリヤールは《物から記号へ》という思考の転回を行なった。それによって、物を一定のコードに乗った記号として把握することが可能となり、さらにそこから象徴交換というきわめて適用範囲が広く、また有効度の高い概念が作られていったのである。そして、このような概念を用いてボードリヤールが試みたのは、現代社会とそれを支えるイデオロギーに対する徹底的な批判であると言えるだろう。『物の体系』は、このような大きな思想史上の転回点を形成するボードリヤールの最初の著作として注目されなくてはならない。

以上は、雑誌「現代思想」一九七九年一二月号所収の拙稿「ボードリヤール」にかなり大幅な加筆訂正を行なったものである。そのほかに訳者は、「現代思想」一九七九年九月臨時増刊・ハイデガー特集号に、「ハイデッガーからボードリヤールへ」を書き、記号としての物というボードリヤールの視点の重要性を説いておいた。ボードリヤールに関心をお持ちの読者に一読をお願いしておきたい。(なおこの論文は、ナツメ社刊の拙著『批評する機械』に収載されている。)

ボードリヤールの仕事の重要性を最初に訳者に示唆されたのは多木浩二氏である。翻訳には三年以上の時間を費したにもかかわらず、本書はこれまで訳者が手がけてきた翻訳のなかで、飛び抜けて手ごわいものであったことを告白しないわけにはいかない。読者のかたがたの御叱正を、掛値なしにお願いする所以である。

最後にこの翻訳のために力を貸して下さった多くのかたがた、ボードリヤールの意義をはやくから認め、二度にわたってボードリヤールについての論文の執筆の機会を与えられ、さらにその拙稿のひとつの転載を快諾された「現代思想」の三浦雅士氏、同じようにボードリヤールの重要性をいちはやく認識され、その翻訳の出版のために尽力していただいた法政大学出版局の稲義人氏、長いあいだにわたって怠惰な訳者をはげましてくださった藤田信行氏に対して、厚くお礼を申し述べる。

一九八〇年八月一〇日

《叢書・ウニベルシタス　103》
物の体系　記号の消費

1980年11月 5 日　　初版第 1 刷発行
2008年 6 月25日　新装版第 1 刷発行
2021年 5 月20日　　　　第 2 刷発行

ジャン・ボードリヤール
宇波　彰 訳
発行所　一般財団法人　法政大学出版局
〒102-0071 東京都千代田区富士見 2-17-1
電話 03（5214）5540 振替 00160-6-95814
印刷：三和印刷　製本：誠製本

Printed in Japan

ISBN978-4-588-09910-6

著　者

ジャン・ボードリヤール（Jean Baudrillard）

1929年生まれの現代フランスの社会学者．最初の著作『物の体系』（68）において〈それ自体で存在する物から記号としての物へ〉という視点を記号論の枠内で提起，続く『消費社会の神話と構造』（70），『記号の経済学批判』（72）では，物を記号として消費する社会の構造，記号としての物の特徴を解明．72年の著作で顔を見せた〈象徴交換〉の概念を中心としながら，マルクス主義の基礎概念とみなす〈生産〉概念に批判を加えようとしたのが『生産の鏡』（73），『象徴交換と死』（75），などであり，『誘惑の戦略』（79），『シミュラークルとシミュレーション』（81）以降の著作では，この〈象徴交換〉，あるいは実在をもたない記号としての〈シミュラークル〉，〈シミュレーション〉をキー概念として現代社会・文化を分析している．またボードリヤールは，再三来日し，講演やシンポジウムを行なっている．2007年3月死去．

訳　者

宇波　彰（うなみ あきら）

1933年生まれる．東京大学大学院（哲学）修士課程修了．明治学院大学名誉教授．主な著訳書：『言語論の思想と展開』『引用の想像力』『批評する機械』『記号的理性批判』『書評の思想』『ラカン的思考』；オルティグ『言語表現と象徴』，デュラン『象徴の想像力』，ドゥルーズ『プルーストとシーニュ』『ベルクソンの哲学』，ドゥルーズ／ガタリ『カフカ』（共訳），モラン『プロデメの変貌』『自己批評』『時代精神Ⅰ・Ⅱ』，ボードリヤール『生産の鏡』（共訳），他．2021年1月死去．